# ギリギリセーーフ

生きのびる
53の方法

中谷彰宏

AKIHIRO NAKATANI

きずな出版

【この本は、3人のために書きました。】

(1) 不安がある人。

(2) 難しいことに、トライしている人。

(3) 自分の強みが見つからない人。

## プロローグ

# ギリギリセーフの戦いをするのが、ヒーローだ。

ヒーローは、楽勝どころか、ボコボコにやられます。
銃で撃ち合う決闘シーンでは、ヒーローから血がタラタラと流れます。
誰もが「負けた」と息をのんだところで相手が倒れます。
傷を負いながら勝つ、これがギリギリセーフです。
矢吹丈《やぶきじょう》と力石徹《りきいしとおる》の対決も、力石が勝ちます。
握手しようと手を差し出したまま力石は倒れます。
名シーンです。
明らかにアウト、明らかにセーフは世の中にはなかなかありません。
セーフもアウトも皮1枚のところにあるのです。

幸せ・不幸せも、皮1枚の差です。
天地ほど離れているわけではないのです。
才能や運のあるなしは二元論です。
対極ではなくて、背中合わせにあるのです。
カップルがうまくいくのも、いかないのも同じです。
うまくいかなくても、全然ダメなわけではないのです。
まだいけたのに、あきらめていたのです。
見えないロスタイムは続いています。
ロスタイムが本当の勝負です。
サッカーは、野球になかったロスタイムのルールを教えてくれました。
ロスタイムで点が入るというドーハの悲劇のようなことがあるのです。
バスケットボールには、ブザーシュートというルールがあります。
ビーッとゲーム終了の合図が鳴っている間にシュートが成功したら、得点になります。

バスケットは、ゴールするたびに時計がとまります。

ゲーム再開で、また動くのです。

時計は０・１秒単位でとまります。

１秒単位ではないのです。

ラスト２秒でシュートが決まって逆転した試合がありました。

会場はウワーッと総立ちです。

終了のブザーが鳴り響く中、リバウンドをヒュッと投げて、もう１つシュートが決まりました。

残り０・２秒のブザーシュートで再び逆転したのです。

２段オチです。

残り２秒で入ったというだけで、じゅうぶん話が成り立っています。

逆転した側は、感激の間もなく逆転されたのです。

こういうことが仕事の現場では、たくさん起こります。

夢を実現する人は、ギリギリセーフを綱《つな》渡りのようにつないでいるのです。

## □ギリギリを楽しむ53のコツ

01 □ 捨てゼリフは吐《は》かない。
02 □ 審判よりも、自分で決めよう。
03 □ 完璧を、目指さない。
04 □ イヤなことを大きさではなくて、数で数えよう。
05 □ 「ラス1」を手に入れよう。
06 □ ギリギリを、楽しもう。
07 □ ギリギリのオマケを使おう。
08 □ ゲリラ戦に、強くなろう。
09 □ ドサクサに、強くなろう。
10 □ 売れる企画より、面白い企画を選ぼう。
11 □ 強い相手と、戦おう。
12 □ ボールを見ないで、振りきろう。

13 □「どうかしてる」と言われよう。

14 □ グチでも、大声で叫ぼう。

15 □ 大声で、言いわけしよう。

16 □ 何度でも、スタート地点に立とう。

17 □ 不満より、不安を持とう。

18 □ 不安と不満を混同しない。

19 □ 孤独を、楽しもう。

20 □ とりあえず、並ぼう。

21 □ 甘く見て、作戦を立てよう。

22 □ 自分で、運転しよう。

23 □ 変化に強くなろう。

24 □ 驚こう。

25 □ 強い相手を、油断させよう。

26 □「生き残り組」になろう。

27 □「相手のミス待ち」をしよう。

中谷彰宏「ギリギリセーーフ」

28□記憶の中で、生きのびよう。
29□1回の感動を、味わおう。
30□弱点で、勝とう。
31□「ムダなこと」をしよう。
32□交換しよう。
33□大事なものは、ひとり占めしない。
34□持久力で、勝負しよう。
35□「相手の食べないもの」を食べよう。
36□小さいものを、拾おう。
37□「仲間の得意」を評価しよう。
38□トラブルを、チャンスにしよう。
39□1分間だけ、迷おう。
40□次の矢を、準備しておこう。
41□高いところに、登ろう。
42□怒っている人に、感謝しよう。

ギリギリセーーフ——生きのびる53の方法■目次

## 第2章 ドサクサ力で、乗り越えよう。

## 第3章 不安は、自由の証し。

## 第4章 勝つより、生き残ろう。

## 第5章 短所で、生き残ろう。

## 第6章 想定外に、チャンスがある。

## 第7章 ギリギリに、運命が開く。

大空よ翔んで
大海をさまよう
不安を抱いて
飛び出そう
ゆめ 美輪明宏

あきひろ

# 第 1 章

# あきらめるのは、早すぎる。

# 01
# 電車のドアは、もう一度開く。

インディ・ジョーンズは、石の扉がガーッとおりてくるところへ滑《すべ》り込みます。
「危ないですからおやめください」の駆《か》け込み乗車です。
しかも、落ちた帽子をつかんでシュッと抜きます。
インディ・ジョーンズは、このギリギリが、カッコいいのです。
駅のホームに電車がとまっています。
発車ベルが鳴っています。
乗ろうと駆け寄った目の前でプシュンとドアが閉まります。
対応の難しい瞬間です。
車内の人と目が合います。

ホームにいる人とも目が合います。

これが人生の真実です。

誰もがこの瞬間に生きています。

ここで、つい「こんな電車に乗るつもりではなかった」というそぶりをします。

走ってきて、息をハアハアさせているのに、「それほど乗るつもりではなかった。

急いでいないし」という顔をするのです。

**車掌さんがいい人で、ドアを開《あ》けてくれることがあります。**

「乗るつもりではなかった」と向きを変えてドアから離れようとした人は、出遅れます。

また乗ろうとしても、2回目のドアが閉まって、乗れません。

人生にはこういうことが多いのです。

「こんなのに乗るつもりではなかった」と捨てゼリフを吐くから乗れないのです。

その横で、明らかに間に合わないタイミングでうしろを歩いていた人が「アッ、開いた」とニッコリ乗り込みます。

「こんなのに乗るつもりではなかった」という顔をした人は、2回目に乗ろうとしてまた挟《はさ》まれます。

カバンを引っ張りながら出して、結局乗れないのです。

**目の前でドアが閉まっても、「なんだよ」と車掌さんを見ないことです。**

見るのは嫌《いや》らしいのです。

背中で哀愁を出します。

車掌さんも人間です。

「開けてあげたい」という気持ちになってもらうのです。

ドアはもう1回開きます。

この神の教えを覚えている人に電車の扉はもう1回開くのです。

ふてくされないことです。

乗ろうとした人に見られて車掌さんがドアを開けるのは禁止行為です。

電車のドアは誰かに頼まれて勝手に開けてはいけないのです。

車掌さんは、安全確認のためにドアを開けるのです。

車掌さんに「どうもありがとうございます」と会釈《えしゃく》をして乗り込めば、車内に拍手で迎えられます。

すばらしいドラマがあるのです。

座っている人たちを味方にすることです。

みんながセーフにしたくなる絵にするのです。

敵までセーフをしているのがギリギリセーフなのです。

## ギリギリを楽しむコツ その01
## 捨てゼリフは吐かない。

# 02

# ギリギリセーフを、判定するのは自分だ。

ヤンキースのイチロー選手が忍者《にんじゃ》ホームインをしました。

3塁をまわる時に、間に合わないタイミングを承知でサードコーチが手を振ったのです。

サードコーチもプロです。間に合わないことはわかります。

そのまま急いだら、タッチアウトです。

イチロー選手は、わざと一拍遅らせて、相手のモーションの一拍あとでホームに滑り込みました。

2回まわり込んでホームインしたのです。

審判は、タッチされていないのを見て、セーフの判定をしました。

アウエーの試合での出来事です。

ホームのヤンキーススタジアムだったら、大歓声です。

アウエーのスタジアムは、シーンとなりました。

イチロー選手は「アウエーでシーンとさせるのは気持ちいいね」と笑っていました。

**スポーツを見る楽しみは、ギリギリのところにあります。**

**ギリギリセーフとギリギリアウトは、審判が決めることではないのです。**

イタリアのサッカーの試合で、ゴールエリアのファールを取られてフリーキックになったことがありました。

誰もがエーッとなりました。

攻めている側もわかるミスジャッジでした。

サッカーは、ミスジャッジも含めたゲームです。

「いただき」でシュートを打っていいシーンです。

フリーキックをする選手は、フワーンと蹴《け》って、わざとはずしました。

誰もが大拍手です。

最終的には、わざとはずしたチームが勝ちました。

サッカー場にいた人は最高のシュートを見たのです。

両チームとも「いまのは誤審」とわかって、もう1つ上の試合をしています。

**見た目の試合に勝って生き残るよりも、記憶の中に生きのびています。**

**みんなの記憶の中に生き残ると同時に、気持ちが自分自身の人生に残ります。**

審判に決められることではないのです。

ギリギリセーフかギリギリアウトかは自分の中の判断です。

ぶちキレそうなところを「危なかった。いま怒るところだったよ」というのはセーフです。ぶちキレそうだったのがぶちキレていません。

「許した」もセーフです。

審判のミスジャッジに、「いまのはおかしい」と食《く》ってかかるのを、ファンは見たくありません。

審判に食ってかかるのを見たくて、競技場へ行っているのではないのです。

ミスジャッジでも、「いまのファールは厳しいよね」と言いながら見ています。

そんなこともあると、選手も見ている人もわかっています。

審判も「しまった」と思っています。

すべての人がここで救われるのです。

審判は、「フリーキック」と言ったあとで、「ゴメン、いまのはちょっと違った」とは言えません。

フリーキックをわざとはずすことで、審判の面子《めんつ》もつぶさずゲームの続行を共有できます。

これが大人です。

子どもは、みんなが感動しているのを見て「スポーツっていいな」と思います。

ただ勝つよりも上の世界があるのです。

### ギリギリを楽しむコツ　その02
## 審判よりも、自分で決めよう。

# 03

# ギリギリセーフにも、幅がある。

アメリカで、野球の完全試合が審判のミスジャッジで消えたことがあります。

アウトを一塁審判が「セーフ」と言ったために、内野安打になって、完全試合ではなくなってしまったのです。

**みんなわかっています。**

その時、ピッチャーは「完璧な人はいないから」と言いました。

これで、パーフェクトゲームよりも一段上のゲームになりました。

パーフェクトゲームをしていたら、ピッチャーはパーフェクトゲーム達成の何人目かに名を連ねるだけです。

ミスジャッジで流れたパーフェクトゲームという幻を持つことで、もっと箔《はく》がついたのです。

ボウリングの試合でもありました。

ウォルター・レイ・ウィリアムズ・ジュニア選手は私と同い年で、全米最多勝利を挙げています。

アメリカのツアーの決勝戦、この1投勝負という時です。

アメリカのボウリングの試合は観客が1万人入ります。

投げる瞬間に、レーンの横から観客がフラッシュをたきました。

選手が最も集中している時です。

勝つためには、ここでストライクを取っておかないといけないという勝負の瞬間です。

ウォルター・レイ選手は、いったんはずしました。

「エーッ、なに、いまの」とムッとしたあとで、フラッシュをたいた人に謝りに行きました。

選手が投球フォームに入ったら撮影は厳禁です。

ウォルター・レイ選手は、「僕は、あそこでムッとしてはいけなかった。撮影したファンに申しわけないことをした」と謝ったのです。

私も映像を見ていて、ハラハラしました。

少々温厚な人でも、さすがに怒り出しそうなシーンです。

「パーフェクトな人間はいない」とコメントしたピッチャーも、ウォルター・レイ選手も、違いました。

アウトをセーフにしています。

**一般に思われている負けや、完全試合がなくなったこと、誰もがアウトと思っているところにも、ギリギリセーフになるラインがあります。**

ギリギリセーフは、ラクラクセーフよりも圧倒的にカッコいいのです。

ギリギリを楽しむコツ　その03

## 完璧を、目指さない。

# 04 感情を数値に置きかえると、落ち込みから抜け出せる。

仕事でうまくいかないと落ち込みます。
落ち込んでいるという感情が残るのです。
感情が残っていると、改善策を立てられません。
仕事でお客様から何か言われたら、どうしたらいいか改善策を立てるのが先です。
言われたことのへこみだけが残らないようにするのです。
**「言われた」というへこみはマイナス1点です。**
**マイナス1をなくそうと考えれば、改善策が見えます。**
「今日もへこんだ」は数値化されていません。
「へこんだ」が際限なく堂々めぐりを始めます。

パニックになると、頭の中を「へこんだ」が走りまわり、埋め尽《つ》くすのです。

感情が頭の中を走りまわると、アイデアを考えるスペースがなくなります。

脳のワーキングの部分、考えるスペースが埋められて、考えられなくなるのです。

何も思い浮かばないし、行き詰《づ》まります。

走りまわっているのは、実は1つです。

これをマイナス1と考えれば、脳にスペースができます。

そこから、どうしようか考えればいいのです。

**どんな失敗も、マイナス1です。**

**マイナス1をゼロへ持っていけばいいのです。**

ミスをするたびに「このマイナス1をゼロにするにはどうしたらいいか」と具体的な作戦を考えることができます。

「へこんだ」で頭を埋め尽くさないことです。

マイナス1で生き残れなくなります。

マイナスはたったの1です。

ゼロになれば生き残れるのです。

誰かからイヤなことを言われても、当たっていようがいまいが、マイナス1です。

「イヤなことを言われた」が1つできると、頭の中で「イヤなことを言われた」が、あっという間に大量コピーされます。

何回も言われたような気がしてくるのです。

言われたのは1回です。

マイナス1と考えることで、落ち込みから抜け出せます。

いいことは、どんどんコピーすればいいのです。

「ほめられた」は頭の中で何枚コピーされてもいいのです。

いいことは、しまい込まなくていいのです。

ギリギリを楽しむコツ その04

## イヤなことを大きさではなくて、数で数えよう。

# 05

# 「もうダメ」より「まだ、いける」。

「もうダメ」はダメではないのです。

ダメより少し上です。

ゼロでは言わない言葉です。

「もうダメ」は、「もう」の何％かがあります。

まだいける分があるのです。

お店ののれんが上がって、お店の人がいて、電気もまだついていて、お客様も残っていることがあります。

ラストオーダーを過ぎたお店に来ると、東京の人は、戸を少し開けて「もうダメ？」と聞きます。

関西人は「まだ、いける？」と言いながら中に入って座っています。

「もうダメ？」と聞く人は、戸をガラッと開けるだけで中には入りません。

**「もうダメ」と「まだ、いける」の状況は同じです。**

**パーセンテージも閉まり具合も変わらないのです。**

昼間はたくさん平積みされていた本が、買いに行った時にはラスト1冊のことがあります。

このラッキーが「まだいける」です。

ギリギリセーフです。

ラッキーな最後の1冊に「なんだよ、この1冊で」と怒ったりしません。

山積みのままで減っていない本より貴重です。

ラス1を手に取れたというギリギリセーフは、もっとも運が強いのです。

ギリギリを楽しむコツ その05
## 「ラス1」を手に入れよう。

# 06

# どのシーンにも、ギリギリの見せ場をつくる。

大学駅伝は、どの区にも面白みがあります。

復路の9区で、たすきが途切れます。

たすきが途切《とぎ》れたら、次の年は予選会からのスタートになります。

仲間にも迷惑がかかります。

**駅伝は、往路からの積み重ねです。**

9区でたすきが途切れて繰り上げスタートになったら、たすきを渡せなかった選手だけでなく、それまでの全走者が、「自分があと5秒なんとかしていれば」と悔やみます。

たすきは、次の選手が見えているところで途切れます。

次の走者は別のたすきをかけて、参考記録でスタートします。

誰もが手に汗握《にぎ》る瞬間です。

時計が1秒、2秒ゆっくりめになっている気がしてきます。

審判のスタートの合図も、遅く感じます。

復路10区には、シード権争いという面白みもあります。

10位までが、予選会を経《へ》なくても来年の出場権を得られます。

10位という残り1枠を争って、4チームぐらい団子《だんご》状態で来ます。

ここで自分が頑張ればシード内に入れます。

**大学駅伝は、優勝争いだけの問題ではないところがすごいのです。**

優勝争いは先頭集団でやっています。たすきが最後までつながるか、シード権をつかめるか、すべてに見せ場があるのです。

## ギリギリを楽しむコツ その06
# ギリギリを、楽しもう。

# 07
# いくつもの綱渡りを経て、人生は面白くなる。

相手に気づかれないのがギリギリセーフのもっとも美しいかたちです。

この本も、「もう間に合わない」というギリギリセーフの連続でした。

読者には何も気づかれないように作業を進めてきたのです。

綱渡りのようなギリギリセーフを経て、この本が読者のもとに届くのをイメージしていました。

**こんなに苦労したと言う必要はないのです。**

ダンスは、上からつられて揺れている状態の中にバランスがあります。

軸に微妙な幅があって、倒れそうな姿勢でも倒れないのです。

ラインにも、ブザーシュートのような幅があります。

まだ0・2秒残っています。

恋愛でも、見送ってくれているという背中に感じる視線、振り返った時のまなざしを大きく感じることがあります。

あきらめなくていいのです。

「もう完全にダメ」ではないのです。

ギリギリのところがあります。

**容量を超えていても、表面張力で、まだこぼれていないのです。**

ギリギリで生きている、それで正しいのです。

最下位を繰り返しながらも残って、上がっていきます。

それがあるから長く楽しんでいるのです。

ドキドキ感の余韻が続いているのです。

楽勝したゲームは早く終わって面白くありません。

ギリギリセーフの人には、誰もが応援したくなるものです。

ギリギリを楽しむコツ　その07

# ギリギリのオマケを使おう。

# 第 2 章

# ドサクサ力で、乗り越えよう。

08

# 10点取られて、15点取る。

「ギリギリセーフ」というと、なんとなく「1対0」のようなイメージがあります。

そうではありません。

10点取られることは最初から想定ズミです。

0点で抑えようとする戦いは、1点取られた時点で崩《くず》れます。

10点まではノーカンで、そのかわり15点取ればいいのです。

10点までは「まだ余っている」という感覚です。

そうすれば、気力はずっと続きます。

**弱い者が強い相手に勝つ勝ち方は、「1対0」ではなく、「15対10」です。**

ゲームとしては最低です。

ギリギリを楽しむコツ その08

# ゲリラ戦に、強くなろう。

15対10のサッカーは、見ていてひどいものです。
草野球はともかく、プロの試合でそんなことはありえません。
「10点取られても、15点取る」という感覚が大切です。
「1点も渡さない」と思うと、精神的に余裕が持てなくなります。
弱いチームの強みは、いつも点数を取られていることです。
10点取られても、別にビビりません。
強豪校は、10点取られたら立ち直れなくなります。
プライドが許さないのです。
弱いチームは、ヘンなプライドはありません。
そもそも自分のほうが弱いのはわかっているのです。

# 09
# ドサクサ力をつける。

勝負は「ドサクサ力」で決まります。

上場したベンチャー企業の女性社長に「結局、ドサクサ力ですね」と言うと、「そうですね」と笑っていました。

ベンチャーは、創業した時点ですぐつぶれます。

まっとうに戦ったら、そもそも上場はありえません。

**上場まで行くのは、ドサクサの力です。**

まっとうに戦って勝ちたければ、大企業に入って出世すればいいのです。

東大は、大企業に入ったほうが得なのです。

これがアメリカの感覚との違いです。

アメリカでは、ハーバードやMITを出るとベンチャーに行きます。
一流企業に行くのは二流校です。
**日本では大企業に入っても、その時点で東大に勝てないのです。**
**ベンチャー企業を起こしたいなら、東大卒でないほうがラッキーです。**
東大を出ると、ベンチャー企業は起こせません。
そんなことをするのはバカらしいのです。
必死に勉強してきた人間は、大学受験がジャンケン制度になったら反対します。
勉強してこなかった人間は大賛成です。
勉強ができない人間は、ジャンケンに持ち込むしかないのです。

ギリギリを楽しむコツ　その09

## ドサクサに、強くなろう。

# 10 異常さで、勝つ。

バッターにコーチは、ボールをよく見て打つように言います。

ボールを見ても、うまくいかないことは多いです。

ボールに体がついていかないのです。

生き残るには長打しかありません。

ボールを見ると、チョコンと当てて、振りきれないのです。

**これは仕事でも同じです。**

市場調査をすると、当てに行って、振りきれなくなります。

調査して、取材して、データを集めてというやり方は、ボールを見ながら合わせていくやり方です。

販売チャネルを持っていて、規模も資本も大きく、長期的に考えられる大企業なら、それでもいいのです。

ベンチャー企業は、そんなことをやっているヒマはありません。

あるベンチャー企業で、みんなで企画を出し合いました。

A案は、売れそうですが、面白みのない企画です。

B案は、売れるかどうかは微妙ですが、面白い企画です。

社長は「僕らはA案をやるためにベンチャーをやっているんじゃない。B案をやるためにベンチャーを始めたんじゃなかったの」と言いました。

B案は、大企業ならボツにします。

これができるのが、ベンチャーなのです。

ギリギリを楽しむコツ　その10

## 売れる企画より、面白い企画を選ぼう。

# 11 強いチームに挑《いど》む者が、生き残る。

**抱負は「打倒強豪」です。**

2回戦まで進めないので、できれば1回戦で強豪と当たることです。

1回戦で当たった強豪チームが優勝したら、事実上の準優勝です。

これが生き残る生き方です。

強豪チームに勝つと、記憶に残ります。

「前年度甲子園覇者、まさかの敗退」という記事で、新聞にも載ります。

最初から勝つことが決まっているチームは、勝って当たり前で、負けたら文句を言われます。

引き分けか負けしかない勝負です。

最初から負けても仕方がないチームは、結果として、引き分けと勝ちのどちらかです。

負けても、「あの強いところに当たったら仕方がない」と思ってもらえます。

くじ引きで「できるだけ弱いチームと当たりますように」と願っている時点で、その人はすでに生き残れません。

できるだけ強いところと当たろうとする人が、生き残れるのです。

ギリギリを楽しむコツ その11

## 強い相手と、戦おう。

# 12 守備を固めるより、打撃で点を取る。

何ごとにも、つい守りに入りがちです。

野球で言うと、「とりあえず守備を固める」という勝負に入るのです。

**守備を固めて相手を最少得点に抑えても、打てなければ勝てません。**

企業の経営で、どんなに損しないようにやっても、儲《もう》けを出さない限りは生き残れないのと同じです。

守りに入ると、コストカットして無難な企画に流れていきます。

そうすると、取れて1点です。

「1対0」で勝とうとしているのです。

「15対10」で勝とうとしたら、限られた時間の中で守備の練習をしているヒマはありません。

通常は、左右ギリギリいっぱいのボールを捕る練習を一生懸命やっています。

それを追っても、ヘンにケガするだけです。

どんなに真芯でとらえた打球でも、真正面に来たら捕れます。

左右に振られたボールは、練習していても捕るのが難しいのです。

イレギュラーバウンドは自分ではどうしようもありません。

外部環境要因です。

そのために練習のエネルギーを割くぐらいなら、打つほうにまわしたほうがいいのです。

打つ方針は、「ボールを見ないで振りきる」です。

そうすれば、当たる可能性があります。

見て打っても、どうせ当たらないのです。

ベースとしては、才能もない、弱い、どんくさい、練習時間がない、予算もない、期待もされないし、ヤル気もありません。

すべてがない状況では、振りきっていくしかないのです。
運よく当たると、相手のピッチャーのダメージは大きいのです。
キャリアを積んでいくと、だんだんボールを見るようになります。
新人のまぐれ当たりは、何もないからできるのです。
これが生き残り方です。
**弱い者が生き残るには、普通でない戦いをするしかありません。**
人からは「どうかしている」と言われます。
これは、ほめ言葉です。
キャリアを積んだ人や才能のある人は、「どうかしている」ことはできないのです。

## ギリギリを楽しむコツ その12
## ボールを見ないで、振りきろう。

# 13 歴史上の偉大な人物は、みんな「どうかしている」。

生涯600冊の本を書いたアレクサンドル・デュマは、42歳で『三銃士』を書いて当てました。

『三銃士』は世界文学全集に載る名作です。

翌年に『モンテ・クリスト伯（巌窟王）』を書いています。

立て続けに大ヒットを飛ばしたのです。

当然、依頼殺到《さっとう》です。

しかも、同じ年に『王妃マルゴ』も書いています。

ハリウッド映画のアカデミー賞級の作品を、1年余りに3本も出したのです。

印税はすべて愛人に使いました。

45歳でモンテ・クリスト城を建てて、劇場も建てて、パーティーざんまいです。

そのあげく、わずか4年で豪邸売却、自己破産したのです。

父親は軍人でしたが、早くに亡くなったので、もともと貧乏でした。

デュマは病床で息子に看取《みと》られながら亡くなります。

死ぬ間ぎわに、「みんなは私を浪費家だと言うが、浪費はしていない。貧しかった時代にお母さんからもらった金貨をまだ持っている」と言って、手に金貨を握っていたのです。

メチャクチャな人です。

デュマ自身の人生から物語が生まれています。

ある意味、モンテ・クリスト伯よりすごいのです。

本が売れなくなったのは、世の中が落ち着いたからです。

『三銃士』や『モンテ・クリスト伯』が流行《はや》った年は、世の中がどうなるかわからない、時代の転換期でした。

それにピッタリ合ったから、売れたのです。

世の中が安定期に入った瞬間、「もうちょっとちゃんとした本を読もう」ということになったのです。

**自分の仕事が、守備になっているか、打撃になっているかです。**

仕事は、目をつぶってでもいいから、振りきっていきます。

サインを見なくていいのです。

サインを見ても指示通りには、できないからです。

「どうかしていること」で、勝てるのです。

ギリギリを楽しむコツ　その13

## 「どうかしてる」と言われよう。

# 14

# 「来い」か「来るな」と叫ぶ。「来たらどうしよう」が一番危ない。

サッカーでも野球でも、代わったばかりの選手のところにボールが飛びます。

これはハラハラします。

代わりたてで、まだなじんでいなくて、緊張している状態のところにボールが飛んでくるのです。

相手側もそれを狙《ねら》っています。

当然、エラーが起こりやすくなります。

落ち着くまで、しばらくボールは来てほしくないのです。

強豪チームの選手は、出てきたばかりの選手が「こっち来い」と叫んでいます。

これがカッコいいのです。

どうせなら、「来るな」と叫ぶことです。
これもカッコいいです。
**一番カッコ悪いのは、「来たらどうしよう」です。**
「来い」も「来るな」も、叫んでいる時点でどちらもカッコいいのです。
ここで相手はタイムを要求します。
「何かの作戦に違いない」と、よけいなことを考えるのです。
エラーするのは「来たらどうしよう」と思っている人です。
「来るな」と叫んでいる人には、ボールは飛んでこないのです。

ギリギリを楽しむコツ その14

## グチでも、大声で叫ぼう。

# 15

# 「言いわけだな」と言われたら、「言いわけだ」と堂々と言い切る。

ミスをしたら、理由を聞かれます。

理由を答えると、「言いわけだな」と言われます。

それに対して、「言いわけです」と堂々と言えたら気持ちいいです。

**言いわけは、してもいいのです。**

「言いわけじゃありません」という言いわけは、一番みっともないのです。

「だから、言いわけだと言っているだろう」と言うと、どちらが叱られているのかわからなくなります。

これでイニシアチブがとれています。

「言いわけじゃない」と言い続けている人は、何かメソメソしています。

ギリギリを楽しむコツ その15

# 大声で、言いわけしよう。

言いわけしたくなったら、「いまから言いわけするよ」「弱音を思い切り吐くよ」「泣くよ」と、先に言ってしまいます。

みっともないことを「そうじゃない」と否定するほうがみっともないのです。

最近、男物のブラジャーが売れています。

「男物のブラジャーをしてるの？」と言われて、「違うんだよ。これはね、そういうんじゃないんだよ」としどろもどろになると、よけいみっともないです。

ここは「コレ、いいよ」と言ってほしいです。

自分に都合の悪い短所や弱点をツッコまれたら、「そうだよ」と言えばいいのです。

# 16 全財産を失ったら、皿洗いからスタートする。

私自身はすべての財産がなくなっても全然平気です。

皿洗いからやっていきます。

飲食業界は早くチャンスをつかめます。

飲食業界の中でもホテルとレストランでは、早くチャンスを得られるのはレストランです。

皿洗いも「給料いらないからさせてください」と言うと、やらせてもらえます。

**高級店の皿洗いです。**

高級店で「タダでもいいから皿洗いをさせてください」と言うと、とりあえず、まかないが出ます。

ちゃんとやることがわかると、そこそこの給料も出るようになります。

レストラン業界はとにかく人手不足で、優秀な人材を探しています。

「こいつ、皿洗いにしておくのはもったいない」と思うと、ちゃんとホールにまわします。

ホールにまわして優秀だと、あっという間に店長になります。

店長がとにかく足りないのです。

働いているお店にすでに店長がいると、店長になれないこともあります。

ホールの一番下はバスボーイというお皿を下げる係です。

お皿を持っていく係やメニューを説明する係は、もう少し上の人です。

ベストも着ていないのが、お皿を下げるだけの係です。

**お皿を下げる係で気のきいた人は、この瞬間からお客様の目にとまります。**

高級店にはいいお客様が来ています。

そうなると、「あそこになかなか優秀なのがいるよ」と言われます。

「お店でスタッフ探しているんだけど。こんど連絡して」と名刺をもらったりします。

これがあっという間に起こるのです。

高級店には、人を探している人がたくさん来ています。

お金も店も余っていて、一番足りないのが人です。

ここからまたのし上がっていけるのです。

私は本を書く人間なので、いかにして全財産を失ったかということがまずネタになります。

そこからいかにしてカムバックしたかということもネタになります。

これらを全60巻で出すこともできるのです。

ギリギリを楽しむコツ　その16

## 何度でも、スタート地点に立とう。

# 第3章

# 不安は、
# 自由の証し。

## 17

# 不満より、不安を持つ人が自由だ。

不満のある人と、不安のある人とがいます。
両方持っている人はいません。
不満のある人は不安がないし、不安のある人は不満がないのです。
「不満」と「不安」のどちらを選ぶかということです。
「会社を辞《や》めたい」と言う人は、不満があるのです。
上司や人間関係に不満なのであって、不安ではありません。
「会社」という安定を選ぶと、不満だけが残ります。
会社を辞めて自分で会社をつくると、不満などは言っていられません。
あるのは、「辞めたけど、このあとどうなるのかな」という不安だけです。

誰もが生きのびるために選択をしています。

不安を持つ生き方をしたほうが自由度は増します。

**不安があるのは、自由に生きているからです。**

不安は、自由に生きている人しか感じられません。

不自由に生きている人は安定を得ているので、不満だけが残るのです。

会社の大きい小さいは、まったく関係ありません。

大きい会社にいようが、小さい会社にいようが、雇われる側の意識の人は、常に不満を持ちます。

お食事会の幹事は、頼んだ店がちゃんとした店かどうか、ドタキャンがバタバタ来ないかどうか、不安だらけです。

参加している側の人間は不満しかありません。

「カッコいい人が来ると言ったのに」と文句を言うのです。

会社を辞めても不満を言い続けている人は、意識が切りかわっていないのです。

たとえば、「会社を辞めてフリーになったら、仕事を頼むね」と言われたのに、何の連絡もありません。

「なんで連絡をくれないんですか」と文句を言うのは、うしろ向きの発想です。

うしろ向きの人が不満を持つのです。

**不安を持つことは、前を向いているということです。**

「借金を背負ったらどうしよう」という不安は、前を向いています。

「給料が安い」という不満は、うしろ向きです。

サラリーマンでも、不安を持っている人は、まだ大丈夫です。

「会社が倒産したら自分は生きていけるのか。家のローンはどうする」という不安を持つ人は、危機感から「いまのうちに勉強して手に職をつけておこう」と考えます。

不満を持っている人は、何もやりません。

「給料をもっとよこせ」と文句を言って終わりです。

会社が倒産しそうでそれどころではないことが、まったくわかっていないのです。

主体は常に不安を持ちます。

主体に不満はありません。

**受け身になると、不満だけが残ります。**

幹事や社長の苦労を何も考えないで、文句ばかり言うのです。

「文句を言っていると、次に呼んでもらえなくなる」という意識はありません。

「来てやっている」という感覚です。

「呼んでもらっている」という感謝が、まったくないのです。

ギリギリを楽しむコツ その17

## 不満より、不安を持とう。

# 18

# ギリギリの人が、大きなことをする。

不安を持つのはいいことです。
ムリして「不安はない」と言う必要はありません。
不安だから頑張るのです。
船の上に乗っている間は、不満しかありません。
船から水に落ちたら、足が着かないので不安になります。
そこで初めて泳ぎ始めます。
なりゆきに任せたら、沈んでしまうのです。
文句を言うのは、不満と不安を混同しているからです。
自分がいま言っているのは、不安なのか、不満なのかということです。

「不満」はネガティブですが、「不安」はポジティブです。

**不安を乗り越えるためには、どうしたらいいかを考え始めます。**

受験でも、ギリギリセーフで合格した人のほうが、楽勝で入った人よりも卒業する時には上にあがっています。

オーディションでも同じことが起こります。

ギリギリで通った人が売れていきます。

コンテストでも、グランプリの人はあまり芽が出ません。

特別賞とか、オマケで入った人が売れるパターンが多いのです。

印象は意識の中でいつの間にか逆転します。

優勝していないほうが、あとから考えると優勝したような記憶になるのです。

高校野球も、優勝したチームより準優勝のチームのほうが印象に残ります。

1回戦で負けたら、記憶に残りません。

決勝まで行って負けるチームが、やっぱり印象に残るのです。

マンガのヒーローは優勝しません。

星飛雄馬《ほしひゅうま》は常に負けています。

『風の大地』の主人公、沖田も、常に2位なのです。

ギリギリを楽しむコツ　その18

# 不安と不満を混同しない。

# 19 孤独を引き受けることで、自由が手に入る。

自由になるということは、1人になるということです。

「みんなと一緒にいたいけど、自由になりたい」というのは相反しています。

人間関係はめんどくさいけれど、1人では寂しいと言っています。

1人になって自由を手に入れるか、みんなと一緒にいて自由を手放すか、どちらかしかありません。

**孤独な人は自由があります。**

**自由がないと思う人は仲間がいるということです。**

どちらもプラスの状況です。

仲間といると気を使うところがあります。

仲間の誰かが旅行へ行きたいと言えば、一緒に行かなければなりません。

仲間がいることで、「これ行ってみたら」と言われて自分が本来しなかったであろうこともできます。

孤独を感じてひとりぼっちで寂しいと思うなら、それは自由だということです。**負けているわけでも、人生が終わっているわけでもありません。**

自由になりたい人はたくさんいます。

その人たちからすると、これほどうらやましいことはありません。

自分の置かれている環境のハッピー感は、自分が一番わからないのです。

第三者から見ると、「この人、幸せだね。自由でいいよね」と思われます。

自由は不安定な中にあります。

安定したところに自由はないのです。

ギリギリを楽しむコツ　その19
## 孤独を、楽しもう。

# 20 混んでるからと、あきらめない。

お店の予約をしようと電話をして「満席です」と言われたら、キャンセル待ちをすればいいだけです。

「混んでるから二度と行かない。なんだ、高飛車《たかびしゃ》になりやがって。なんかバカにされた」と思う必要はまったくありません。

「うちは混んでるお店だから、いまごろ電話をかけてきて予約なんかとれるわけないでしょう」と言われたわけではないのです。

「キャンセル待ちを入れておいていいですか」と言うだけで、イニシアチブを握れます。

お店に行列ができている時も、「え、なんでこんな行列で混んでいるんですか」と言いにいくより、「とりあえず並んでおこうよ」と言えばいいのです。

行列を見ながら「どうする、どうする?」と言う前に、並んでみることです。

並びながら、「別のものにする?」「どこかほか探す?」と考えることができます。

**並ばないで考えていると、次の人がどんどん並びます。**

2人いるなら1人は並んでおいて、もう1人は近所をぐるっとまわって、入れそうなお店はないかと探すのも普通のやり方です。

これが生きのびる方法です。

「混んでるからもうダメだ」ではありません。

キャンセル待ちをすると意外に空《あ》いたりします。

混んでいる行列は、並びながら別のお店を探している人ばかりです。

だから、行列から人がポンポン抜けます。

思っていたよりずっと早く順番が来たりします。

別のお店を探しているのは自分だけではないのです。

「次にどこ行こうか」と相談している人もいます。

並んだお店に入る人は、実質は少ないのです。

競争率は幻です。

**一番かわいい女性は競争率が高いというのは思い込みです。**

勝手に頭の中で競争率をつくり上げているのです。

かわいい女性がいると、「彼も当然いるに違いない」「彼はひょっとしたらお金持ちのオヤジかもしれない。性格悪くてお金がかかる女性だ」という設定を勝手につくったりします。

誰もがそういうふうに思っているとわかれば、次のステップに入ります。

かわいい女性の競争率は2番手、3番手のほうが高いです。

そうすると、一番かわいい女性はがら空きになっています。

実質の競争率と見た目の競争率は違うのです。

よく「中谷さんは依頼が殺到していると思うからなかなか来られなかった」と言う人がいます。

自分の中で勝手に蜃気楼《しんきろう》の行列をつくっているのです。

みんな同じことを考えるので、一番人気のところは意外にすいています。

混んでいるのは2番、3番のところです。

これは車と同じです。

「抜け道なんだよ」と言って通る道は、みんなが抜け道と考えています。

**抜け道で詰まると大変です。**

**王道はまだ別の道に変えられますが、抜け道からは抜けようがありません。**

飛行機でも、キャンセル待ちを入れておくだけで気分的に全然違います。

キャンセル待ちで自分の番号が大きくても、前の番号の人がどんどんいなくなって一気に前に進むということがあるのです。

ギリギリを楽しむコツ　その20

## とりあえず、並ぼう。

# 21 世の中を甘く見るほうが、絶望するよりいい。人生を甘く見る。

「世の中を甘く見るな」とよく言います。でも、絶望よりはいいです。
選択肢は、
① 絶望コース
② 甘く見るコース
の2つです。
つらい状況で「世の中を甘く見るな」と言われたら、絶望コースしかありません。
**なんとかなると思って甘く見ていると、何か作戦を立てられます。**
**絶望すると作戦がわきません。**

「もう何をやってもダメ」と思ってしまうからです。

「この人にはきっと私は好かれているに違いない」と思うと優しくできます。

「ゴメン。今日は行けなくなった」と言われても、「ああ、残念がってるだろうな」と思えます。

ところが、ドタキャンされて「やっぱ嫌われてたんだ」と解釈する人がいます。

「約束したけど、本当は前からずっと行きたくなくて、言えなくて今日ドタキャンするつもりだったんだな」と思うと、「なんだよ、たいしてかわいくないくせに。勘違いしやがって」と言ったりします。突然ダーティーキャラになります。

なんとかなると甘く見ている人のほうが優しくなれます。

絶望すると、逆ギレの現象になってしまうのです。

ギリギリを楽しむコツ　その21

## 甘く見て、作戦を立てよう。

# 22 運転者は、酔わない。

どんなに車酔いの人でも、運転している時は酔いません。

助手席や後部座席に乗ると酔います。

バスの運転手さんが酔うと困ります。

酔うのは三半規管《さんはんきかん》の問題です。

助手席で酔う人も、運転すると全然酔いません。

**人生に振りまわされて悪酔いしている人は、自分で運転していないのです。**

**助手席は、一番退屈です。**

運転者は、運転しているから緊張感があります。

運転していると眠くなることはありませんが、助手席は眠くなります。

助手席のほうが疲れるのです。

することがないというのが一番疲れます。

アルバイトは、忙しい店よりヒマな店のほうが疲れます。

時間がたつのが遅いからです。

「まだですか」「こっちですか」と言われて「すみません」と忙しく走りまわっていると、精神的な時間が短くなります。

お客様が全然来ないでヒマになると、じっとしたままで行動が伴いません。

**待ちの状態は、時間がたつのが一番遅いです。**

時間がたつのが遅いと感じると、人間は疲労します。

好きな人と一緒にいる時は疲れません。

どんなに走りまわっていても、「あ、もうこんな時間」とあっという間に時間がたちます。

楽しいか楽しくないかはまた別です。

忙しく仕事をやっている人に「仕事、楽しそうですね」と言っても、それどころではありません。

あとから振り返って楽しかったと思うだけで、やっている時は必死です。

楽しいか楽しくないかは考えません。

**生き残れない人は「楽しいことをやりたい」と思っています。**

実際にやっている時はそんなことを言っているヒマはありません。

それが楽しい状態なのです。

「これは楽しいのかな、楽しくないのかな」と考える余裕があることは楽しくありません。

サッカーの試合中に「サッカーを楽しめ」と言われても、そんなこと考えているヒマはありません。

楽しいかどうかを考えなければいけないのは、楽しくない状態です。

やっている最中には「楽しい」という思いは出てきません。

はたから見ると楽しそうに見えるだけです。

見ていて「あんな楽しいことやりたい」と思って選ぶと、楽しいことには出会えません。

はたから見て楽しそうに見えることをやってみると、「そんなこと言ってる場合じゃない」となります。

一生懸命にやって終わってから「楽しかったね」と思えるのです。

ジェットコースターに乗っているあいだも、キャーッと叫んだりします。

スカイダイビングも同じです。

ダイビングしているあいだは、「アッアッ」と言って何も考えていないのです。

ギリギリを楽しむコツ　その22

## 自分で、運転しよう。

第 4 章

# 勝つより、生き残ろう。

# 23

# 人類は、恐竜に勝ったわけではない。恐竜が自滅しただけ。

宇宙137億年の歴史の中で、生命はずっと生きのびてきました。
生きのびることは、人類が生まれてからずっと続けてきたことです。
だからこそ、私たちは、いまココにいるのです。
「弱肉強食で勝者が生きのびた」というのは、進化論の解釈の大きな間違いです。
**動物対動物のトーナメント戦で生き残ったのではありません。**
**自然環境に負けなかったものが生きのびたのです。**
6500万年前は恐竜の時代でした。
人類は恐竜と戦って勝ったわけではありません。
恐竜が自滅したのです。

メキシコのユカタン半島に隕石が落下して、地球中が大火事になりました。
それによってエサがなくなり、恐竜が絶滅したのです。
当時、哺乳類はいましたが、人類はまだいませんでした。
地面の下にいたアナネズミが、私たちのおばあちゃんです。
**地面の下にいたので、火事になっても助かったのです。**
雑食だったので、エサがなくなっても何とか生きのびました。
恐竜は体が大きいので、大量に食べる必要があります。
エネルギー効率が悪いので、少しでもエサが足りなくなると生きていけません。
アナネズミは体が小さいので、食べる量も少しですみます。
地面の外に出ると恐竜に食べられるので、地面の中での暮らしに適応していたのです。
私たちはその末裔《まつえい》です。
決して強くはありません。
むしろ弱いのです。

弱いから、誰かと勝負することはありません。
恐竜同士は常に戦っています。
戦って勝ったものまで、自然環境の変化で絶滅してしまいました。
自然環境の変化に比べると、個体の勝負は小さい戦いなのです。

ギリギリを楽しむコツ　その23

## 変化に強くなろう。

# 24 輝いた瞬間のある人が、モテる。

「勝った感」を得るには、できるだけ強い相手を選んだほうがいいのです。
勝つと言っても、実力ではなくドサクサです。
ジャンケンと同じです。
ジャンケンの強い人とやっても、10回のうち1回ぐらいは勝てます。
とりあえず1回勝てばいいのです。
ジャンケンの強い人は、一生を賭けてジャンケンの修業をしてきた人です。
そんな人に勝てたのです。
ここで「勝った」という記憶が残ります。
体験は脳の中の記憶に焼きつきます。

それだけで何度でも、ごはんがおかわりできます。

おかずはいりません。

おなかを膨《ふく》らませるための食事ではないのです。

人生をダイエットにたとえるなら、チョボチョボ稼《かせ》ごうとする人はジャンクフードに手をつけた人です。


**ジャンク恋愛・ジャンク仕事・ジャンク成功を求めないことです。**


圧倒的に強い相手に1回でもドサクサで勝つと、一生その話をして生きられます。

人生の中に自分が輝いた瞬間のある人がモテるのです。

「自分はまんざら捨てたものではない」ということで、「いい女感」「いい男感」を実感できるのです。

ギリギリを楽しむコツ その24

## 驚こう。

# 25 圧倒的に強い相手を、油断させる。

圧倒的に強い相手にも、勝てるチャンスはあります。
それは相手が油断した時です。
野球でもサッカーでも、強いチームは圧倒的に強いのです。
実力が拮抗《きっこう》していたり、自分より強い相手なら油断しません。
弱小チームが相手の時は油断します。
チャンスはこれしかありません。
**チャンスはここにあるのです。**
たいしたことのない男がいい女とつき合っているパターンがあります。
あれは、いい女が油断したのです。

「まさかヘンなことは起こらない」という安心感で、スッと入り込まれたのです。

サッカーの強いチームが弱いチームに1点取られると、「エッ、まさか。どういうこと?」と焦《あせ》ります。

そこで動揺して、もう1点取られます。

「おかしい、おかしい」と言っているうちに、どんどん得点されます。

これが圧倒的に強い相手に勝つチャンスなのです。

ギリギリを楽しむコツ　その25

## 強い相手を、油断させよう。

# 26 勝つよりも、生きのびる者が強い。

地球上の一番大きな自然災害は、隕石《いんせき》の落下です。
地球中が丸焼けになるのです。
2番目は火山噴火です。
火山灰で地球が覆《おお》われます。
3番目は氷河期です。
この3つをどう乗り越えるかです。
ゴキブリは、これを乗り越えてきました。
**決して強いわけではありません。**
**戦わないし、毒もありません。**

食用ゴキブリを養殖する人がいるぐらいです。
汚いところにいるから、細菌がくっついているようで毒っぽく感じます。
ゴキブリ自体は、きわめてきれい好きです。
人間とゴキブリは、どちらが強いのかということです。
人間はスリッパでゴキブリを叩《たた》きます。
そのスリッパは、あとで捨てなければなりません。
でも、ゴキブリのほうが長生きです。

**「勝ち組にまわる」という感覚は、間違いです。**
**勝ち組になるより、いかに生き残り組になるかです。**

強いほうが生き残るわけでは決してありません。
むしろ弱いほうが生き残ります。
強いものは環境変化の対応策を持っていません。
その場の環境に適応しすぎているのです。
特技のある人は、その特技が世の中に求められているうちは儲《もう》かります。

時代の流れで、その特技が飽《あ》きられたら、食べていけません。
**特技のない人のほうが生きのびられるのです。**
一発屋は、1つのことだけでいけると勘違いしています。
スターとか文豪とかで、死ぬまで売れ続けた人はいません。
名作を残している期間は圧倒的に短いのです。
その時期が鮮烈《せんれつ》に輝いているほど、晩年は不遇です。
売れすぎる時は、時代に合いすぎています。
少しでも時代に合わなくなったら、苦しくなります。
勝つ方法より生きのびる方法を考えることで、生きるスタンスが変わるのです。

## ギリギリを楽しむコツ その26
# 「生き残り組」になろう。

27

# 恋愛で生き残るのは、ライバルのミス待ち。

モテる人は、結局、生きのびる人です。

ある男性が、ふたまたをかけています。

A子のあとに、B子があらわれるのです。

A子がB子に勝とうとしても、結局、C子があらわれます。

この戦いは無限です。

男性が手放さないのは、ふたまたがバレても文句を言わない女性です。

**「なんであの人と別れてくれないの」と文句を言うと、自滅します。**

グズグズ言われると、男はめんどくさいのです。

C子、D子があらわれても、常にグズグズ言う側が捨てられます。

グズグズ言わなかったら、それだけで生きのびられます。

ふたまたで勝つ方法は、「勝とうとしないこと」です。

「どうすればもう1人の女を蹴落とせるか」という発想が、すでに自滅です。

男性が浮気しないように立ちまわる人も自滅します。

これが新しい進化論です。

これに気づけば、相手が騒いだりケンカを売ってくるのを待つだけでいいのです。

**勝負は必ず相手のミス待ちになります。**

こちらがじっとしていると、うまいぐあいに相手がミスしてくれます。

動いたほうの負けです。

視点が低いと、目の前のことしか見えなくなります。

視点を高く持つと、相手が焦って、ぼちぼち動き出すことがわかります。

ここで余裕を見せてジタバタしなければ、「この子、すごいな」と男性の評価も上がります。

一番つらいのは、A子とB子で正面衝突になることです。

これで男性はめんどくさくなります。
2人を切って、C子に行ってしまうのです。

ギリギリを楽しむコツ　その27

## 「相手のミス待ち」をしよう。

# 28 生きのびることは、記憶に残ること。

生きのびる方法は、勝つ方法のワンランク上の考え方です。

手を抜くわけでも、レベルを下げたり欲望を低くするわけでもありません。

志を高くすると、勝つよりも生きのびるほうが、よりレベルの高い勝負になるのです。

**エベレストを征服して遭難する人よりも、生きのびた人の勝ちです。**

**あと10メートルのところで引き返せる人が、プロの登山家です。**

勝とうとする人は、「勝ち負け」という低いレベルの戦いをしています。

そこに面子も絡《から》んできます。

世の中には強い人はたくさんいます。

トーナメント戦で勝とうとすると、大変です。

高校野球は、予選も入れれば5000チームぐらい参加します。

その中で、優勝するのは1チームです。

4999チームは負けです。

そこで勝つのはムリです。

そもそも才能のある人が子どもの時から英才教育を受けて、それに人生を賭けてくるのです。

趣味で野球を始めた人が勝てるわけがありません。

「**才能と運がなければ成功しない**」**と言われると、本を読む意味がなくなります。**

生きのびることが、才能と運がなくても人生が楽しくなるコツです。

生きのびることで、自分より強い相手に勝てるのです。

ギリギリを楽しむコツ　その28

## 記憶の中で、生きのびよう。

# 29
# 1回の感動が、記憶に生き残る。

生きのびることとは、勝ち続けることではありません。

みんなの記憶に残ることです。

サッカーの国際試合でも、何の大会で何位になったとかは、すぐあとなら覚えていますす。


しばらくすると、頭の中でゴチャゴチャになります。

ただ「フランスに勝った」ということだけが残るのです。

記憶に残るのは、圧倒的に強い相手に勝った瞬間です。

そこそこ弱い相手に勝っても、「勝った感」はないのです。

勝ちに行く人は、弱い相手を探してまわります。

高校野球の抽せん会でも、「できるだけ弱いところと当たりますように」とお祈りします。

この時点で、少し情けないです。

恋愛に置きかえるとわかります。

**ショボい男とばかりつき合っていた女性でも、いい男と一晩何かあっただけで、死ぬ前に「私はモテた」と思えます。**これは男性も同じです。

花札で言うブタ札をいくら集めても、「モテた感」はありません。

競馬をやる人は、万馬券を1回当てたことがずっと残っています。

それでトータルで勝ったような気がします。

実際に勝つためには、オッズ1・1倍を買い続ければいいのです。

それでは「勝った感」はありません。

「勝つこと」と「勝った感」のどちらをとるかです。

いい女になって、いい男とつき合うのか、いい女にならなくても、ドサクサ紛《まぎ》れの1回に賭けるかです。

ドサクサ紛れだろうがなんだろうが、1回は1回です。
いい女になるには努力が必要です。
いくたびものリバウンドを乗り越えなければなりません。
**いかに実力をつけなくても生きられるかです。**
それには万馬券を買うしかないのです。
1回の感動が、記憶として脳に生き残ります。
「モテた感」は、永遠に残ります。
現実でチマチマ勝っていても、記憶に残りません。
圧倒的に自分にはムリな相手に勝ったりモテたことが、記憶に残るのです。
実際に自分がモテるようになると、いくら男が群がってきても煩《わずら》わしいだけです。
「モテた感」はありません。
ついつい自分の実力でモテモテになろうとしがちです。
そんなことをしているうちに、人生が終わってしまうのです。

ギリギリを楽しむコツ　その29

# 1回の感動を、味わおう。

第 5 章

# 短所で、生き残ろう。

# 30
# 頭脳も体力もない者が、生き残る。

私たちは、みんなクロマニヨン人です。

クロマニヨン人が隆盛になったのは、まだ、ここ3万年です。

ネアンデルタール人は32万年前からいた人たちです。

人類発祥の地はアフリカです。

アフリカから、ネアンデルタール人が出ていきました。

ヨーロッパは、すべてネアンデルタール人のものでした。

クロマニヨン人は人類のおばあちゃんです。

生命の流れはイブが中心です。男はあまり関係ないのです。

おばあちゃんたちが出ていった時、すでにネアンデルタール人が先にいました。

ネアンデルタール人のほうが、頭もいいし、体力もあるし、ケンカも強いし、エサを捕るのも上手でした。

**クロマニヨン人は、頭も劣《おと》り、体力も劣り、寒さにも弱いのです。**

この時代は、寒さで風邪をひいたり、ケガをしたり、感染症にかかったりします。

ネアンデルタール人は、そもそも寒さに強いのです。

体が強いので、大きな獲物《えもの》もたくさん捕れます。

その毛皮をバリッとはいで、そのまま着ていました。

ネアンデルタール人の服は一枚物です。

熊が捕れる人たちなので、熊の毛皮をかぶっていればいいのです。

ネアンデルタール人は気が強いのです。

当時のエサは、マンモスとトナカイです。

トナカイを1頭捕ると、6人家族の標準世帯が1カ月暮らせます。

トナカイは大きいし、けっこう狂暴です。

「真っ赤なお鼻のトナカイさん」のような、のんびりした動物ではありません。

**ネアンデルタール人は、マンモスとトナカイに飛びかかっていきます。**

勇気があるのです。

それでケガをします。

ケガをしたら終わりです。

ケガから感染症にかかるのです。

少人数で動いているので、足手まといになると置いていかれます。

少人数なのは、洞窟《どうくつ》で暮らしているからです。

洞窟に入りきれる人数でないと一緒に暮らせないのです。

ネアンデルタール人は、この時代に火も編み出しました。

クロマニヨン人は、すべてにおいてネアンデルタール人に劣ります。

クロマニヨン人は小動物しか捕れないので、それをミンクのコートのように張り合わせて着ていました。

いまで言えば、ミンクのコートは高級品です。

張り合わせるために、針が必要です。

**クロマニヨン人が生き残ったのは、針を発明したからです。**

糸はトナカイの腱《けん》の繊維です。

これで、寒がりでも外で寝られます。

洞窟にはネアンデルタール人がいたので、入れなかったのです。

木を組み合わせて、テントも針でつくれるようになりました。

ネイティブアメリカンのテントも、モンゴルのパオも、3万年前から同じつくり方です。いまや世界中の人がクロマニヨン人です。

ネアンデルタール人は、針を持っていませんでした。

クロマニヨン人は、針で縫い合わせた毛皮を着て、テントで暮らすことで、大ぜいの集団になれたのです。

ギリギリを楽しむコツ　その30

## 弱点で、勝とう。

# 31
# エサを捕ること以外に、脳を使う。

クロマニヨン人は、3万年前にフルートをつくりました。
どんくさくて運動部に行けなかった子が、文化部に入ったようなものです。
「ブラバンでもやる？」というノリです。
**エサを捕ること以外に脳を使ったのです。**
誰かがピーッと吹くと、「いいね。泣けるね。またやって」と言われます。
言われた側は練習を始めます。
演奏家もフルートを彫る職人さんもいたのです。
フルートは骨に穴をあけてつくります。
ネアンデルタール人は、針を見ても意味がわかりません。

捨てた端切《はぎ》れを針で縫い合わせるのは、チマチマしたスキ間産業です。
自分たちは一枚物なので、何か貧乏くさいのです。
フルートを見ても、意味がわかりません。
クロマニヨン人は気が弱いので、いつも集団で生活していました。
夜になると、集団の中で「フルートの夕べ」が始まるのです。

ギリギリを楽しむコツ その31

## 「ムダなこと」をしよう。

# 32

# 交換する者が、生き残る。

大きい集団になると、その中でエサを捕れる人間と捕れない人間とが出てきます。

捕れなかった時は、よそのクロマニヨン人の集団がエサを分けてくれます。

交換の発明です。

私たちはいま、何げなしに交換をやっています。

それはクロマニヨン人だからです。

**「余ったりとかしてるかな」**

**「ちょっと運んであげようか」**

**「こんど何かあった時に頼むね」**

というやりとりは、いまでは当たり前です。

クロマニヨン人が3万年前に、これを発見したのです。

ネアンデルタール人は、略奪《りゃくだつ》はわかりますが、交換の意味がわかりません。

「こんどってどういうこと？」と思います。

「こんど」と言っても、こんどいつ会うかはわかりません。

書類も判子もないし、どこへ訴え出ればいいかもわかりません。

にもかかわらず、私たちのおばあちゃんは交換したのです。

これは画期的なことです。

ネアンデルタール人は、ほぼ3万年前に絶滅しています。

**現在でも、少しネアンデルタール人ぽい人がいます。**

もらうのは得意ですが、「交換」の意味がわかりません。

「こんどお返しするね」と言われても、「保証はどこにあるんだ」と言うのです。

力が強くて自信があるので、「奪《うば》えばいい」と思っています。

そういう人を見たら、「ネーさん系ですね」と思えばいいのです。

「交換」の発想は、高度な精神作業です。

必ずお返しが来る保証はありません。
「このあいだ、あげたじゃないですか」と言っても、このあいだは、このあいだです。
自分もいつ足りなくなるかわかりません。
捕れる時もあれば、捕れない時もあります。
捕れている人は永遠に捕れるような気がします。
**大切なのは、捕れない時にも死なないことです。**
交換できる人が、生き残るのです。

## ギリギリを楽しむコツ　その32

# 交換しよう。

# 33 交換することで、信頼が生まれる。

お互いに交換し合う関係で、どんどん集団が大きくなります。

取った取られたの関係では、敵意だけが残ります。

余っているのに「このあいだの分まで取り返してやろう」と、同種間のムダな戦いが起こるのです。

ネアンデルタール人も種族間抗争が起こりました。

それでなくても危機が起こっているのです。

クロマニヨン人は、ケガ人が出たら、お互いに助け合いました。

信頼関係があるからです。

**「信頼」もクロマニヨン人の発明品です。**

ネアンデルタール人は、ケガで死んだ仲間を食べていました。

エサも足りないし、死んでしまったら関係ありません。

病気で死んだ人を食べて、自分が病気になることもあるのです。

クロマニヨン人は気が弱いので、昨日までの仲間を食べるのは気が引けます。

ネアンデルタール人は、「これはただのたんぱく質だ」と、頭のいい説得ができます。


**交換は、ぶの悪い行為です。**

**人がいいというか、緩《ゆる》いし、だまされます。**

もらっても返せない人もいます。

エサを捕るのがヘタで、トナカイのいないところばかり行っているのです。

遺跡の中に、穴がプツプツ開いた骨が見つかりました。

これは暦《こよみ》です。

エジプト時代よりもっと前に、「月がこのかたちの時に、トナカイはここに多い」ということで、暦とマップがつくられたのです。

同じ暦があちこちで発見されています。

誰かがひとり占《じ》めしたのなら、見つかるのは1カ所です。

暦をみんなにあげたほうが、結果として自分たちもプラスになります。

いつも恨《うら》めしげに、こっちを見ているどんくさい家族に、エサをあげなくてもすむのです。

暦があると、やみくもに動くよりも効率的に狩りができます。

「暦のおかげでエサが捕れました。あっちにけっこういましたよ」と教えてもらえます。

これが「交換」の発想です。

そうなるとわかっていて、やったことではないのです。

**守りに入ると、自分の情報をひとり占めしたくなります。**

**結果として、孤立していきます。**

その情報も腐《くさ》っていたりするのです。

狩りのヘタな人が、フルートを聞かせてあげたお礼に肉や暦をもらいます。

気が弱いので、トナカイは捕れません。
文化部なので、フルートは吹けるのです。
趣味がその人を延命させるのです。

ギリギリを楽しむコツ　その33

## 大事なものは、ひとり占めしない。

# 34 持久力のある者が、生き残る。

人類は、足の速さではチーターに負けます。
力ではマンモスとかライオンには勝てません。
人類の強さは持久力です。
やりを持って、離れて、そっとついていきます。
動物にとっては、これは勘弁してほしいです。
追いかけるなら追いかけるし、かかってくるなら、かかってきてほしいのです。
**人間は、追いかけることも、かかっていくことも苦手です。**
唯一得意なのは、ついていくことです。
相手がくたびれたところで、やりで刺すのです。

あらゆる動物の中で、最も持久力があるのが人間です。
馬は2600メートル走ったら限界です。
ダーッと走ると、猛烈に体温が上がります。
体温を発散できないので、すぐに心臓の限界が来ます。
人間は毛がないので、体温が発散できます。
瞬発力・牙・筋肉では負けても、どこまでもついていきます。
最後まで倒れないことで、生き残れるのです。
集団が大きくなると、ネットワークが生まれます。
強い者にネットワークは必要ありません。
弱い者ほどネットワーク化していきます。
自然環境の変化で、エサがなくなります。
氷河期には赤道まで凍ります。
いくら寒さに強いネアンデルタール人でも限界があるのです。
ここでネットワークの力が必要になります。

ケガをしても、病気になっても、仲間が守ってくれるし、エサも分けてもらえるのです。

ギリギリを楽しむコツ その34

## 持久力で、勝負しよう。

# 35

# なんでも食べる者が、生き残る。

ネアンデルタール人の狩りは、マンモスやトナカイという大型動物専門です。
マンモスやトナカイは、すべてネアンデルタール人に捕られています。
クロマニヨン人は、ウサギやノネズミなどの小動物を捕っていました。
小動物相手なので、ケガも少ないのです。
個体数が多いので、エサに困ることもありません。
大型動物は食べる量が多いので、寒さでエサが減ると生きのびられないのです。
クロマニヨン人は魚も食べていました。
ネアンデルタール人は、食事の85%が肉食です。
木の実や魚をあげても、「なんだ、こんなもの。肉を持ってこい」と言われます。

ネアンデルタール人にとっては、ゴミです。

サラダを食べられないおじいさんが、「牛じゃないんだから」と言っているのと同じです。

健康志向の現代には、考えられない食生活です。

前立腺ガンの発症率は確実に高まります。

一方、クロマニヨン人は雑食です。

肉がそんなにとれない分、魚と木の実で補っていました。

ヘルシーな食生活です。

ネアンデルタール人がアメリカ型の食生活なら、クロマニヨン人は日本食です。

これで圧倒的に食生活が安定します。

免疫《めんえき》力が上がるので、健康も安定します。

**生き残るということは、免疫力を上げることです。**

世の中のバイ菌をなくすことは不可能です。

バイ菌が体に入っても、免疫力をつけておけば、そんなにひどい病気にはなりません。
元気のいい時はいいけど、悪い時は悪いとなると、いずれ死に絶えます。
電車に乗ると、マスクをして咳《せき》をしている人があちこちにいます。
マスクに取り囲まれるのです。
外に出ると、これは仕方がありません。
タクシーの運転手さんがマスクしていても、「おります」とは言えません。
デートの相手がマスクをしてきても言えません。
入ってくるものはあきらめて、免疫力を上げるしかないのです。

### ギリギリを楽しむコツ　その35
## 「相手の食べないもの」を食べよう。

# 36 小さい仕事のできる人が、生き残る。

仕事は選ばずにやるほうがいいのです。

マンモス・トナカイ専門と言っていると、生き残れません。

**大きい仕事ばかりでなく、細かい仕事も拾っていきます。**

細かい仕事は数が多いので、圧倒的にバランスがとれます。

そこから大きな仕事につながることもあるのです。

小さな仕事を持っていくと、「こっちに魚があるよ」と言われます。

マツタケをもらえることもあります。

これは、交換を発明したからできることです。

高校生の時に、男31人で能登へキャンプに行きました。

こんな色気のないキャンプはありません。

キャンプと言えば、カレーです。

仕事は分担です。

町まで買い出しに行く係、火をおこす係があります。

鍋をかきまわす係は、煙がすごいので、ゴーグルをかけてかきまわしていました。

私はニンジンで人形を彫る係でした。

キャンプでそんなことをする必要は、まったくないのです。

ニンジンで人形を彫っていると、子どもが寄ってきます。

私はできた人形を、子どもにあげました。

ネアンデルタール人は、まだ意味がわかりません。

私も、そんなに先のことまで考えていたわけではないのです。

あとで、その子のお姉ちゃんがお礼にやってきました。

「今日はカレーなんですけど、一緒にどうですか」と言うと、「うちも何かあるので持ってきます。運ぶのも大変だから、せっかくですから一緒に食べませんか」と言われます。
これがクロマニヨン人です。
これで生きのびられるのです。
カレーを持って誘うのは、ナンパ見え見えです。
これはネアンデルタール人の発想なのです。

## ギリギリを楽しむコツ　その36
# 小さいものを、拾おう。

# 37 役割分担できる集団が、生き残る。

クロマニヨン人は絵も発明しました。

ラスコーの洞窟壁画が残っています。

ネアンデルタール人は、「絵ではなくて、牛を持ってこい」と言います。

**クロマニヨン人は絵を見て感動できます。**

抽象概念が理解できるのです。

ネアンデルタール人は頭がいいので、「こんなものでは腹の足しにならない」と考えます。

絵を描くことは、明らかにムダなことです。

「サボっている」「そんなところで油を売っているヒマがあったら、狩りに行け」と言われます。

小学校時代は、ノートにマンガを描いていると、「そんなことをしているヒマがあったら、漢字の1つでも覚えなさい」と言われます。

中学生になったら、「英単語の1つでも覚えなさい」と言われます。

絵を描く人がいるのは、それを見る人がいて、集団でそれを評価できたからです。

「みんなが狩りに行っているのに、なんであいつは絵を描いているの」とは言われません。

**得意・不得意をお互いに評価して、役割分担できるのです。**

絵を描いていた人は狩りが苦手な人です。

フルートが得意な人、絵が得意な人、魚をとるのが得意な人、キノコをとるのが得意な人が、それぞれ役割分担しています。

ネアンデルタール人の基準は、「マンモスを捕るのがうまいかどうか」の一基準です。

それがすべての価値判断になります。

基準が1つしかない集団は、気候変化に弱いのです。
仲間の助け合いもないので、運が悪い人は消えていきます。
大切なのは、運が悪くても生き残れることです。
クロマニヨン人がネアンデルタール人を撃退したわけではありません。
ネアンデルタール人が勝手に自滅したのです。
あらゆる生存競争で、これが起こります。
常にナンバー2が生き残るのです。

ギリギリを楽しむコツ その37

## 「仲間の得意」を評価しよう。

# 第 6 章

# 想定外に、チャンスがある。

# 38

# なくしたり、壊れたりする時は、ステップアップのチャンス。

予期せぬ出来事、想定外の出来事が起こることでチャンスがまわってきます。

これがなければ、弱者には永遠にチャンスがまわってきません。

強い者がただ勝ち続けるだけです。

6500万年前にユカタン半島に半径10キロの彗星《すいせい》が落ちなければ、いまごろは恐竜がスマホを使っています。

天変地異や想定外の出来事で、すべてがシャッフルされます。

ルールがグチャグチャになって、ドサクサが起こります。

**何事も起こらなければ、ドサクサのチャンスがないのです。**

戦国時代・明治維新・第二次世界大戦直後に、新しい会社が生まれ、新しいビジネスが生まれ、新しい発想が生まれました。

前まで中心だったものが廃《すた》れていきます。

世の中の先頭集団が入れかわる瞬間です。

2番手国がリレーで勝つには、強豪がバトンミスしたり、転んだりした時に、巻き込まれないことです。

ヘンにくっついていると、巻き込まれます。

なるべく離れていたほうがいいのです。

仕事上でも想定外のことが起こります。

異動になったり、クビになったり、会社が倒産したりします。

自分をかわいがってくれていた上司がどこかに異動になることもあります。

想定外のことで、チャンスが生まれるのです。

ギリギリを楽しむコツ その38

## トラブルを、チャンスにしよう。

# 39

# 迷っていい。決断をする。

「迷うこと」と「決断しないこと」は同じではありません。

これを混同しないことです。

「自分は迷っているからいけないんだ」「迷っている自分をなんとかしなければ」と思うと、時間を費やしてしまいます。

**「じゃ、1分迷うよ」とすればいいのです。**

迷うタイプには、

① 行動する前に延々迷う人

② 決断してから迷う人

の2通りがあります。

①は、社内会議が長い会社と同じです。
自分の中での会議が延々行われます。

目の前にいる人から交際を迫られて、この人とつき合うべきかどうか迷う人。

1回目のミーティング、2回目のミーティング、そして、3回目のミーティングの日程が決まっているような仕事の仕方があります。

最後の社長決裁まで何段階もあるというのは、小さい会社でもあります。

**そういうことが自分1人の中で起こるわけです。**

決めて行動するまでが長くなるのです。
②は、ウルトラクイズの◯と×でウロウロする人と同じです。
ウルトラクイズは、スーツケースを持って東京ドームに来るとクイズが出されます。

中には必死で移動している人がいます。

移動する人はたいていはずします。

消しゴムで消した答えが正解だった時のダメージは大きいです。

移動するのは、「前年度の優勝者があっちか」「こっちのほうが人数少ないな」とまわりを見てしまうからです。

ウルトラクイズが面白いのは、前年度で決勝に残りアメリカに行ったメンバーは1人も残らないことです。

これが激戦のすごさです。

**迷うのは悪いことではありません。**

**迷い続けて決断しないことがいけないのです。**

決断するというのは、まわりを見ずに行動することです。

ギリギリを楽しむコツ その39

## 1分間だけ、迷おう。

# 40 ハードルを、自分で上げる。

勝つために、できるだけハードルを下げていきたくなります。

合格率が60％だったら、志望校のランクを下げて、合格率80％のところに変更するのは、落ちるパターンです。

ハードルを下げることで、自分の中に気の緩みが生まれ、モチベーションも下がります。

そこで失敗した時のダメージは大きいです。

生きのびるには、うまくいかなかった時に、次にまた戦える状態に持っていく必要があります。

強豪校と当たって負けても、「いい勝負したよね」とみんなから言われます。

そうすると、自分も「そうかな。一瞬勝てたような気がした」と思ったりします。
インタビューでは、勝ったかのような発言をします。
強豪校から1点取っただけで胴上げしているような感覚です。
難しい戦いに挑んでいるから、そうなるのです。
ハードルを上げておいたほうがいいということです。
**トライする時は、自分が上げているハードルが基準です。**
イメージで「これぐらいしかできない」と思うと、そこに体が合います。
女性がスカートを買う時も、サイズのハードルを上げておくことです。
息をとめればギリギリ入るくらいが、その人の本当の体のサイズです。
最初は苦しいですが、いつの間にかそれが当たり前になります。
おなかがそこまでへこむということは、それが本当の位置なのです。
ホックがしまらなかったり、ジッパーが上がらない状態ではダメです。
ボタンは強めに縫っておき、強めのベルトで補強します。
体は苦しいと、それに合わせて対応します。

ついつい緩めにしてしまうと、際限なくサイズは上がります。
だんだんと服に体が合っていくのです。

ギリギリを楽しむコツ　その40

## 次の矢を、準備しておこう。

# 41 パニックになったら、高いところに登る。

山で道に迷った時にほとんどの人がしくじるのは、川に沿っていくことです。

「川はきっとどこかに注《そそ》いでいるはずだ」と思っておりていくと、まわりが見えなくなります。

川は町に向かっているとは限りません。

川は低いところに流れているだけです。

地下へ続いている川は途中で消えたりします。

滝につながっている場合もあります。

**上に上がると視界が開けて、いま、どこにいるかがわかります。**

低くなればなるほど木に隠れて、国道の横にいても気づきません。

川に沿っておりると、国道の下をくぐって、さらに迷うことになります。

これは視点の高さの問題です。

パニックになっている人は視点が低くなっています。

視点が高くなると全体が見えるので、「あ、あそこにある」とわかって、焦りません。

**地図を見ると安心するのは、神様の視点だからです。**

高いところに登ると視点が高くなり、視野が広がります。

視野が狭くなるとパニックになります。

「朝まで一緒にいたい」と言われて、ホテルの前まで来たら、「明日早いので、こんどね。今日は帰るね」と言われたとします。

そこで、「え、なんで？　じゃあ、二度と電話もしないで」と文句を言う男の人は、いじましいのではありません。

視点が低いだけです。

今日のものは今日取り返したいというネアンデルタール人の発想です。

クロマニヨン人はここで少し視点を高くして、「あ、次回あるな」とわかります。

「明日早いんだ？　大変だね。ごめんね」と、次回のために優しく駅まで送ることができます。

ネアンデルタール人は、今日食べさせたら、今日取り返そうとします。

断られたらパニックです。

「なんだ、さっきの『朝まで一緒にいたい』ってどういうことだよ。ひっかけかよ。詐欺《さぎ》だ、詐欺だ」と騒ぎます。

これは川に沿っておりて遭難するパターンです。

パニックになっているだけで、悪い人ではありません。

ただ視点が低いだけなのです。

## ギリギリを楽しむコツ　その41

# 高いところに、登ろう。

# 42 イライラしたら、期待してたんだなと考える。

よく怒っている人がいます。
それは期待しているからです。
期待していないものには怒りません。
**怒っている人を見たら「期待の高い人だな」と思うことです。**
期待している人はかわいらしいです。
クラブで自分のお気に入りの女性が休んでいると、怒って「帰る」と言う人がいます。
怒っているのは、よほど好きだということです。
それを「怒っている」ととらえないことです。

自分が怒っている側になることもあります。

「どういうことだ」と怒っている時は、「よほどこれが好きなんだ」ということです。

「好き」という言葉を使うと人間は冷静になれます。

怒っている時はダメです。

楽しみにしていたデートがドタキャンになったら、腹が立ちます。

「こっちだって忙しいし、仕事も断っているのに、もう少しなんとかならないの？」とムッとするのは、「仕事が忙しいのにやりくりした」ということが問題なのではありません。

よほどその人のことが好きだなと分析すればいいのです。

**ドタキャンになってホッとしたら、あまりしたくないことをしていたということです。**

ムッとしたのは、「自分は今日を楽しみにしていたんだな」と思えばいいだけです。

ムッとする時は正しい分析ができません。

「どういうこと？　ありえない」というところで思考がとまります。

そこで「好きだったということが確認できた」と分析する必要があります。

怒っている人に対しては「よほど好きなんだな」と思えばいいのです。

怒っている人が目の前にいると、嫌われたと解釈してしまいます。

これは解釈が間違っています。

好かれているから怒られるのです。

**イライラしたり、ムッとしたり、「エッ」「ありえない」と思うのは、その対象がよほど好きなのです。**

相手が自分の想定外のことをすることもあります。

私の知り合いの社長はクラブで好きな女性がいました。

その社長に会うと、「先生、昨日えらいことしてしもうたん。酔うて電話して、言うたらあかんこと言うてしもうた」と反省していました。

何かとんでもないことを言ったのです。

電話をブチッと切られたそうです。

ここからが、その社長のえらいところです。

「そういうとこ好き」「そういうとこがあのコのいいとこやな」と言っていました。

これは強い精神力です。

それでハマっていくのですが、ハッピーです。

つれない仕打ちをしたのに、「そういうところ好き」と言われると、相手は反論のしようがありません。

こういうタイプが生き残れるのです。

ギリギリを楽しむコツ その42

## 怒っている人に、感謝しよう。

# 43 恋愛では、価値観の合わない人を選ぶ。

恋愛ドラマで、初対面でお互い恋に落ちて結ばれるという話は面白くありません。

「勝手にやって」と言いたくなります。

しかも12話続きません。

そもそも好き合っているのに、それを言えなくてすれ違いの連続で、お互いほかの人と結婚するという展開のドラマは、グイグイ見てしまいます。

**好きになる相手は、最初はイラッとする人です。**

これが恋愛なのです。

初めて会った人にビビッと来るのは、最初から好きだということです。

もう1つは、イラッとした人に恋に落ちます。

理由は簡単です。
恋愛は、自分が持っていない遺伝子を求めることだからです。
自分と価値観が違うのでイラッとするのです。
それが好きになるということです。
価値観が同じ人の遺伝子は必要ありません。
よく「価値観が違うから別れた」と言いますが、これは間違いです。
価値観が同じだから別れるのです。
気候変化があった時は多様性が発揮されます。
特殊能力があると魚やキノコが食べられたりします。
この多様性を求めて価値観が合わない人を選んでいるので、イラッとするのです。
**イラッとされたり、ケンカになったらチャンスです。**
そこで「合わない」とあきらめなくていいのです。
「文句を言われたから嫌われた」と引く必要はまったくありません。
自分がイラッとする分には問題ありません。

相手からイラッとされた時に全然ビビらなくていいのです。

映画は必ずこういう展開で進みます。

仕事を頼まれる時も「え、なんでこれ私？　断りたい」というのがベストな仕事なのです。

ギリギリを楽しむコツ　その43

## イラッとする人に、近づこう。

# 44

# 断りたい仕事を、引き受ける。

「ダイ・ハード5」の「ラスト・デイ」は、ブルース・ウィリスが息子とともに戦う話です。

「運の悪さは、遺伝する」というのがキャッチコピーです。

主人公の刑事は事件に巻き込まれて、イラッとしています。

自分から喜んで行っているわけではありません。

交渉人モノというカテゴリーがあります。

交渉人はテロリストに指名されて呼び出されます。

その時、「誰か行って」と絶対断っています。

正義感丸出しで「よーし、解決してやろう」と出ていく人はいません。

たいていは「誰か行ってよ」となります。

仕事は、これが多いのです。

はっきり言って、私も多いです。

**テロリストに指名されて、「うわあ」と言うような仕事が、あとから思うと楽しかったりします。**

それを断らないことです。

そこで、いままで自分がやったことのない何かが開けます。

やる前には予測できなかった何かに出会えます。

最初から面白そうな仕事もあります。

それは意外に面白くなりません。

「面白いと思ったけど」ということは、あとでマイナスが起こります。

「えー、これ？」というような仕事は、振り返ると楽しいのです。

過去に面白かった仕事は、それを引き受けたあたりは悲惨な状態からやっている仕事です。

ノーアウト満塁からピッチャー交代で、「ノーストライク、スリーボールじゃん。えー、ここで行くんですか」という時に出ていくこともあります。

自分の不始末《ふしまつ》ではないのにクレームのお客様に呼び出されて、「できれば、ほかの人に行ってほしかった」と思うようなことのほうが面白い仕事になります。

いままでの自分の仕事よりも負荷がかかる仕事です。

「これ、負けが見えてるよね。ほぼ敗戦処理だよね」というようなことも誰かがやらなければなりません。

サッカーの試合では、ロスタイムに交代で出る選手もいます。

こういうことが大切なのです。

「残り1分でも、そこで何かやってやろう」という感じです。

**皆目《かいもく》めどが見えない不安定なところにチャンスがあるのです。**

箱に「チャンス」とは書いてありません。

「チャンス」と書いてあるのは爆弾の可能性があります。

「宝物」「いい仕事」と書いてあるのはおかしいです。

それは、さわらないほうがいいです。

そうやってわかりやすく書いてあるのは、3歳向けの絵本です。

**最初から楽しそうな仕事は、あとは怪しくなっていくことが圧倒的に多いです。**

楽しそうでノーリスクの仕事を探すと、「いいのあるよ」と出てくることがあります。

これを怖いと感じることが必要です。

映画では、いい人は無愛想に登場します。

いい感じで出てくる人は悪人です。

見た目どおりの人が出てくるのは、童話の世界なのです。

## ギリギリを楽しむコツ その44

# 巻き込まれよう。

# 45 昔話に出てくる「それを聞いた隣のおじいさん」にならない。

誰かがうまくいくと、みんながそれをやろうとします。

「それを聞いた隣のおじいさんは……」というのに、ハマる人がいるのです。

こぶとりじいさんは、鬼に見つかって連れていかれた側です。

「踊れ」と言われて踊っただけです。

みずから何か言ったわけではありません。

「おむすびころりん」も、穴にハマってしまっただけです。

「金の斧《おの》　銀の斧」では、働き者のきこりのおじいさんが体を壊して寝込んでいました。

「ぼちぼちいけるかな」と行って木を切ろうとすると、斧の柄《え》から刃が抜けてしまいました。

それで「しばらく手入れを怠《おこた》ったからな」とおじいさんは反省したのです。

斧は手入れをしておかないと刃が抜けやすくなります。

反省するほどおじいさんは職人なのです。

「それを聞いた隣のおじいさんは刃が抜けない」というシーンがあります。

ここが面白いのです。

刃が抜けないから「柄ごと投げてしまえ」と投げてしまいます。

**おじいさんが手入れを怠ったことを反省しているところは、道具をケアするイチロー選手のようです。**

大人になってから「まんが日本昔ばなし」を見直すと面白いです。

私はビデオを借りて見ています。

子どものころは細かいシーンは気にしませんでした。

童話はよく読むと、そういう細かい描写に味わいがあるのです。

ギリギリを楽しむコツ　その45

# 道具を手入れしよう。

第 7 章

# ギリギリに、運命が開く。

46

# 自転車の後輪の向きを変えようとしない。

自転車は前輪の向きを変えて走ります。

後輪は向きが変わりません。

ところが、前輪ではなく後輪の向きを変えようとする人がいるのです。

**前輪の向きを変えるだけで方向は変わります。**

ベンツのタイヤのように後輪まで曲がる必要はありません。

そうなると、よけい運転しにくくなります。

自転車の後輪も向きが変わるとガクガクしてバランスが悪くなります。

後輪は真っすぐでいいのです。

人生で変えられないものを変えようとして、変えられるものに集中しない人がいます。

**変えられないものは、いじらないことです。**

すべての人間関係は、

① 自分

② 相手

③ 自分から相手

④ 相手から自分

の4つしかありません。

この中で変えられるものは①と③です。

②と④は変えられません。

①と③で50％は変えられます。

これが前輪です。

講演で、「うちの上司の頭がかたいのはどうしたらいいですか」という質問がよく出ます。

上司は後輪です。
変えられないものです。
「ヒット商品を出すにはどうしたらいいですか」と聞く人もいます。
世の中でヒットするかどうかは、変えられない要素です。
上司1人変えられないのに、何万人のお客様を変えるのはムリです。
自分をどう変えていくか、自分から相手への接し方をどう変えるかです。

ギリギリを楽しむコツ その46

## 変えられないものは、変えない。

# 47
# 才能は、邪魔になる。才能のある人は、才能と戦っている。

「あの人は才能があるからできる。自分は才能がないからできない。だから、成功しないのは仕方がない」と言いがちです。

才能だけでは必ず失敗します。

才能に頼ってしまうからです。

「頭がいい」「体が強い」「寒さに強い」「勇気がある」ということに全部頼ってネアンデルタール人は絶滅しました。

これは現代人でも同じです。

**才能があることで、そのまま成功している人は1人もいません。**

才能があって成功している人は、才能と戦って成功しています。

お金持ちでモテようと思うなら、普通はお金に頼ります。

ルックスがよくてモテようと思うなら、ルックスに頼ります。

それらは、いずれ限界が来ます。

いろいろ優しくしようと思わなくなります。

そんなことをしなくてもモテるからです。

ただカッコいいだけの人、ただお金持ちだけの人は、恋愛がうまくいきません。

それと同じです。

**お金があってカッコいい人が恋愛するには、それを上まわる努力が必要です。**

持っているお金と与えられたルックスを超える、何かすごい努力を課さないとうまくいかないのです。

才能がないというのは、素晴らしいことです。

戦うべき才能がヘナチョコだからです。

そもそもタイガー・ウッズは、それほど練習しなくても強いです。

先天的な才能だけでゴルフをやっていたら、そこそこの成績でとまっていました。
運のよさだけに頼って努力をしないと、成績もあるところでとまってしまうのです。

ギリギリを楽しむコツ　その47

# コンプレックスを、自慢しよう。

# 48
# 運は、波の周期で来る。

運には、波があります。

**運のない人は努力をするとすぐ結果が出ます。**

**運のいい人は努力しても「運がいいからだよね」と言われてしまいます。**

いい運を超える努力をする必要があります。

努力をすると運の下支えができます。

運が悪くなった時も、努力で埋められます。

運と努力のスキ間を埋められるのです。

株価がガーッと上がった時は、頑張って会社の力をつけないと、運との間にスキ間ができてストーンと落ちる可能性があります。

努力をしないと、単にバブルで株価が高くなっているだけになります。

評判がよくなるのは怖いことです。

**評判はよくなりすぎないほうがいいのです。**

評判よりも実力が常に上まわっている状態にします。

ストーンと落ちないで生きのびるためには、「自分は実力より評判が低いんです」というのがベストな形です。

いい時はよくて、ダメな時はダメになると、その人は生き残れません。

環境変化に適応できないからです。

環境が永続することはありません。

不思議なことに、永続するという発想の人がいます。

いい時が永遠に続くはずだと思うと、そのチャンスを雑に扱ったりします。

「最近、仕事がいっぱい来るんです。選び方はどうしたらいいですか」と相談されると、「うわ、ぜいたくな。間もなく来なくなるのに」と思います。

トナカイは捕れる時と捕れない時があります。

「いま、これだけとれているでしょう。来月ももっととれるでしょう。その分でいくと、再来月はもっととれるよね」という感覚でいると、やり方が雑になるのです。こんどはとれなくなった時に、「今月とれないから、来月もとれない。再来月もとれない」と思ってしまいます。

下り坂も、永遠に続くように感じるのです。

運は波の周期で来るという見方をしていないのです。

結果的にどちらも継続しないで、生き残れない人になります。

波の考え方を持っていると生き残ります。

**あらゆる自然現象は波です。**

我々は母なる海からやってきました。

だから海の波のリズムが、心地よくて癒《い》やされるのです。

我々の鼓動や呼吸数は、波のリズムで全部成り立っています。

赤ちゃんを寝かせるのにポンポンと叩くのも、波のリズムです。

波のリズムは、宇宙の自転のリズムから生まれています。

宇宙も大きな波があります。
宇宙の波は銀河系の渦からできています。
宇宙が膨張して収縮するのも、波のリズムからできているのです。
一直線のものは一切ありません。
**勝ち負けで生きている人は、一直線型の世の中の見方をします。**
日本には四季があります。
冬で寒くなったからといって、「氷河期が来た」と言う人はいません。
「この勢いでいったら、もう氷河期だね」とは思いません。
夏で暑くなったからといって、「もう温暖化だ」とは思わないわけです。
あらゆることを波で見ていくことが生き残るためには大切なのです。

ギリギリを楽しむコツ その48

## 落ち込む時は、落ち込もう。

# 49
# 元気のない人の分まで、元気になる。

「家族の具合が悪くなったのですが、どう対応すればいいですか」と聞かれました。
具合が悪くなっている人の分まで元気になることです。
間違うのは、具合が悪くなっている人に合わせて、具合が悪くなろうとすることです。
家族の中で誰か入院する人が出ると、家族みんなの元気がなくなります。
トーンを合わせてしまうのです。
家族相対の元気が一定であることが重要です。
誰かの元気がなくなったら、その分、自分が元気になればいいのです。
元気のない人は、病気で治療のために元気がないのです。

看病している人の元気が自分と同じレベルまで下がると、「自分は病人だからもっと下がらなくちゃ」となってしまいます。

元気の標準値を上げてあげることで、弱っている人の元気が上がります。

元気を与える側は、もっと元気になればいいのです。

その人の分まで元気になって、その元気をその人にあげます。

「この人は元気がないのに私だけ元気になって悪いんじゃないか」と思う必要はまったくありません。

「自分ばかり運がよくて悪いな」と思っていると、それが相手に伝わります。

**運はチームで持っています。**

**順番でまわっていくものです。**

クロマニヨン人だから「こんど、またあげるね」と運を交換しているだけなのです。

ギリギリを楽しむコツ　その49

## 元気をあげるために、元気になろう。

50

# アクシデントの数だけ、自信がつく。

自信をつけることは簡単です。

アクシデントをたくさん経験することです。

自信がある人はアクシデントの数が多いです。

アクシデントの数が少ないと自信がなくなります。

いままで運がよかった人は自信がありません。

**アクシデントに強い人は、10点取られても「いつものこと」と全然平気です。**

昔、野球のパ・リーグとセ・リーグでオールスター戦になると、必ずパ・リーグが勝つ時代がありました。

パ・リーグは大量得点のゲームが多かったのです。

10点離されても、みんなが「いつものこと」「よくあること」と笑っています。

セ・リーグではそれほど点数差がある試合はありませんでした。

セ・リーグの選手は点数差が開くとガックリ来てしまうのです。

甲子園では、東北のチームは9回裏に賭けています。

私が早稲田で野球を習ったのは仙台出身の先生でした。

その先生が「東北チームは9回裏に賭けて、耐えて耐えてする野球だ」と言っていました。

大阪は違います。

1回表に賭けます。

みんながまだ目がさめていないころに、「いまのうちに取っておこう。あと取れないから」という考えです。

**追いつかれたらダメなので、なんとか逃げ切ります。**

初回表にとにかく大量点を取るのが、関西人のノリで行くという戦い方です。

先攻後攻を決めるジャンケンで、関西人は勝つと必ず先攻です。

東北は後攻です。
9回裏があるだけで安心なのです。
でも、関西は1回表が勝負です。
試合開始のサイレンがウーッと鳴っているうちに打つ感覚です。
お互いが緊張している間に、ドサクサに紛れて点を取ってしまうのです。

## ギリギリを楽しむコツ その50
## 「アクシデントの数」を増やそう。

# 51 オススメのお好み焼きを語るには、まずいお好み焼きを100種類食べる。

「私、お好み焼きが好きなんで、お好み焼きの本を書きたいんですけど」と言う人がいました。

書けるか書けないかの差は、「どこがオススメ？」と聞いてもわかりません。

「○○がオススメ」というのは、シロウトでも言えます。

ただ自分が好きなところを言えばいいだけです。

1軒知っているだけでも大丈夫です。

3つぐらいのお店なら簡単に言えます。

プロがシロウトと違うのは、ハズレを100軒言えることです。

ハズレを100軒で買っています。

それがあるからオススメの1個を言えるのです。

結果としては同じでも、ハズレの経験が違います。

プロが選ぶお好み焼きは王道が出たりします。

シロウトは逆に奇をてらいます。

データ数が少ないので、王道を言っても「エー」と言われてしまいます。

説得力をつけるにはハズレを経験していることが大切です。

ハズレが重みになるのです。

中途採用の面接を受ける時は、「こんなに私は成功しました」という話をしたがります。

履歴書にも成功したことが書いてあります。

**それよりは、どれだけ失敗してきたかということのほうが重要です。**

「ここにハゲがあるのは、得意先に行ってこん棒で殴られたからです」と言うほうがカッコいいです。

トム・クルーズの映画『アウトロー』という映画は、特殊部隊の男を描いています。

お約束で、冒頭に着がえのシーンが入ります。

そこで見せるべきは筋肉と傷です。

体中に傷があることで、この男がどれだけのことをやってきたかをあらわします。

きれいな体ではダメです。

傷もきれいなものではなく、乱暴に縫ったような傷で「これ、自分でやったね」「マンガに出てくるような傷だね」と思わせるほうがいいです。

ライオンは顔の傷の量でどれがボスかを見抜きます。

顔の傷の量が多いライオンがボスです。

野生のライオンはオス同士で戦っているので、顔は傷だらけです。

下っぱは傷がありません。

戦う前に尻尾を巻いてしまうからです。

傷のある顔で、敵が来た時に「何か用ですか」となるような声を出して威嚇《いかく》します。

ライオンのオスはただ寝ているだけのような感じがしますが、実際は違います。

エサを捕りに行くのはメスです。
オスはナワ張りを守るために戦います。
顔がツルンときれいでは強くありません。
どれだけ失敗しているかです。
**失敗談をニコニコ話せる人はそれを乗り越えています。**
**ひた隠しにする人はまだ失敗を乗り越えていません。**
自慢話がいけないということはありません。
成功談を自慢するから、話としていまいち盛り上がりに欠けるのです。
失敗談はいくら自慢してもいいのです。

## ギリギリを楽しむコツ その51
# 「ハズレの数」を増やそう。

# 52 ワナがあるところが、正しい道。

私が大学時代に授業を受けたマーティン先生は探検家でした。
マーティン先生の授業は面白かったです。
いままで私が聞いた英語の中で、あれほどわかった英語はありません。
**探検家はそもそも勝ち負けがありません。**
生き残るか生き残らないかです。
人生も同じです。
探検家で「オレのほうが早く帰ってきた」と言うのはヘンです。
遠まわりしたり、長く現場にいるほうが大変です。
マーティン先生の授業では、突然自分が英語ができるような気になりました。

言っている英語が全部わかったのです。

「シベリア」を「サイベリア」と発音するところから話に引き込まれます。

おばあさんは長崎の人で、おじいさんはイギリス人の探検家で、マーティン先生はクオーターです。

おじいさんは、フィリピンで首狩族に狩られて亡くなったそうです。

探検家が職業として成り立っていたのです。

私が大学1年生の時で、マーティン先生は40代半ばぐらいでした。

探検家は金銀財宝を見つけてお金を稼いでいます。

探検の目的は金銀財宝です。

インカ帝国の隠し財産を探したりします。

ユカタン半島には地下水がたくさんたまっているところがあり、垂直の穴がたくさんあいています。

これはいろいろな自然現象の結果です。

地下に水がたまり、その中に横穴がたくさんあいていて、それが自然の迷路のようになっています。

その迷路の奥に、スペインが攻めてきた時にインカ帝国が隠した財宝があるのです。

探検家はダイビングをして潜り、真っ暗なところで懐中電灯《かいちゅう》を持って探します。

縦穴を潜っていくと横穴があります。

横穴は草で覆われているので、手探りで探します。

マーティン先生は素潜《すもぐ》りだったので、タンクを取りに行き、潜り直す必要がありました。

うれしくて、そのままもう少し見たくなりました。

その中へ懐中電灯を持って入ると、横穴が続いていました。

先に穴があいているということは、また空洞が開けている状態です。

その上まで行ったところで縦穴が2つあって、隣の縦穴に抜けられます。

こういう構造のところに財宝が隠されているという仮説で潜っているので、「やった」と思ったのです。

穴を抜けていくと背中がチクチク痛くなりました。

それは、横穴のところに返しがついていたからです。

人を近づけないための工夫です。

痛いのですが、期待が膨らんで少しうれしくなります。

息は限界に来ています。

上にあがれば開けているので息はできます。

背中から血が出ているのがわかりつつ、上にグーッと上がってハーッと息をしようと思ったら、水の中で頭をゴツンと打ちました。

穴を抜ける空間はなかったのです。

本人はびっくりです。

頭をゴツンと打った拍子に、懐中電灯を落としてしまいました。

「エーッ、どうなったんですか」と聞くと、マーティン先生は「あ、時間が来ました。それではよいサマーバケーションを」と言って、夏休みに入ることになりました。

その時に、「先生、1つだけ質問。先生は、死んだんですか」と聞いた学生がいました。

マーティン先生は「私、ここにいます」と答えました。

たしかに、「死んだんですか」と聞きたくなる気持ちはわかります。

2学期は休講になりました。

マーティン先生は探検に行ってしまったのです。

そういう先生を雇《やと》っている早稲田大学は太っ腹です。

私の人生の中で、マーティン先生とはそれきり会っていません。

探検の話で、横穴に返しがついていると聞いたところで、「何か期待できるじゃないですか」とワクワクしました。

**その時、わかったのが「人生はこれだ」ということです。**

人生も、ワナがたくさんあるところが正しい道なのです。

**ギリギリを楽しむコツ その52**

## ワナのある道を、進もう。

# 53

# 行きどまりに見えるほうに、財宝は隠されている。

通りやすい道には地雷が仕掛けられます。

通れないところには仕掛けません。

大通りや抜け道や近道に仕掛けます。

通りやすいところへ行ってはダメなのです。

**みんなが行く道はアウトです。**

相手は、みんなが行く道を狙って仕掛けます。

財宝があるなら、そこにワナが仕掛けてあります。

「インディ・ジョーンズ」でピュンピュンと矢が飛んできたり、大きな岩がゴロッと動いたりするのは、財宝があるからです。

人生において矢が飛んできたら、「ここは違う」と下がるのはおかしいです。

バカなことをやっています。

何も起こらないところをグングン行ったりします。

そこには財宝も何もありません。

お城では、入口から見て「絶対こっちではない」と思うほうが天守閣に行く道です。

敵に攻められないようにできています。

人生も同じです。

**広いほうを歩いていくと出口に行きます。**

お城に入ったら、上り坂が出口に向かっています。

下り坂を行くと、結果、上りになっています。

一見、下り坂や細い道は行きどまりに見えます。

「なんかこれ、はっきりしない。順路こっちだよね」と、みんながなんとなく気分で行きたくなるほうが行きどまりで、集中攻撃を浴びたり、出口へ抜けるようになっています。

人生では、一見、行きどまりに見える道が次へつながっている道なのです。
財宝を隠すために行きどまりのように見せているのです。

## ギリギリを楽しむコツ　その53
## 「抜け道は必ずある」と信じよう。

エピローグ

# ギリギリセーフが、一番楽しい。

楽勝のトップで通るのは楽しいです。

もっと楽しいのは、ギリギリセーフです。

草野球の試合で一番盛り上がるのは、最終回に逆転することです。

大差でひっくり返しての逆転が、終わってから永遠に話し続けられるネタになります。

単に大差で勝った試合は、「最初から弱いチームとやったんでしょう」と思われてあまり語りぐさになりません。

自分でも思い出に残る試合になりません。

自分の中で最も思い出に残るのは、逆転した試合です。

私が子どものころ、最終回に大量点差をひっくり返した試合は必ず思い出します。
点差が開くと、必ずそのエピソードが出てきます。
そういうエピソードを自分の中で持つことです。
それが永遠の財産になるとパニックになりません。
「あれはすごかったよね」と、自己最低記録を更新していけばいいのです。
誰しも最高記録を伸ばそうとします。
最低記録を伸ばしていったほうが、その人の人生のハッピー度が大きくなります。
何かあっても、「もっとひどいのがあったよ」と強くなれます。
子どもの時の戦い方は、受験でも安全に通りたいと思います。
実際は当落線上にたくさんいて、差はほとんどありません。
正規分布は、一番混んでいるところが当落線上です。
入るかどうかの境目は、鼻差です。
何が起こってもおかしくありません。
大きな点差で落ちているような気がしますが、本当に小差です。

うまくいっている人も、ほんの少しの差でうまくいったのです。
うまくいった人とうまくいかなかった人は、入れかわってもおかしくありません。
ドサクサに紛れてギリギリセーフのところに入ればいいのです。
イチロー選手の内野安打には、ギリギリセーフのすごみがあります。
スポーツの面白さは、ギリギリにあります。
はたから見ると、どちらが勝ったかわからないぐらいのところです。
剣道の試合も本当にわかりません。
フェンシングは毎回、ビデオでモノ言いがつきます。
勝つ人も負ける人も決まっているわけではありません。
「もう完全に負けてる」と思えるところでも、チャンスは常に残っているのです。

『贅沢なキスをしよう。』**(文芸社文庫)**
『3分で幸せになる「小さな魔法」』
**(マキノ出版)**
『大人になってからもう一度受けたい
コミュニケーションの授業』
**(アクセス・パブリッシング)**
『運とチャンスは「アウェイ」にある』
**(ファーストプレス)**
『「出る杭」な君の活かしかた』
**(明日香出版社)**
『大人の教科書』**(きこ書房)**
『モテるオヤジの作法2』**(ぜんにち出版)**
『かわいげのある女』**(ぜんにち出版)**
『壁に当たるのは気モチイイ
人生もエッチも』**(サンクチュアリ出版)**
『ハートフルセックス』**【新書】**
**(KKロングセラーズ)**
書画集『会う人みんな神さま』**(DHC)**
ポストカード『会う人みんな神さま』**(DHC)**

## [面接の達人]**(ダイヤモンド社)**

『面接の達人　バイブル版』
『面接の達人　面接・エントリーシート
問題集』

『失敗を楽しもう』
『20代自分らしく生きる45の方法』
『受験の達人2000』
『お金は使えば使うほど増える』
『大人になる前にしなければならない50のこと』
『会社で教えてくれない50のこと』
『学校で教えてくれない50のこと』
『大学時代しなければならない50のこと』
『昨日までの自分に別れを告げる』
『人生は成功するようにできている』
『あなたに起こることはすべて正しい』

**【PHP研究所】**
『中学時代がハッピーになる30のこと』
『頑張ってもうまくいかなかった夜に読む本』
『仕事は、こんなに面白い。』
『14歳からの人生哲学』
『チャンスは「あたりまえ」の中にある。』
『受験生すぐにできる50のこと』
『高校受験すぐにできる40のこと』
『お金持ちは、払う時に「ありがとう」と言う。』
『20代にやっておいてよかったこと』
『ほんのささいなことに、恋の幸せがある。』
『高校時代にしておく50のこと』
『中学時代にしておく50のこと』
『明日いいことが起こる夜の習慣』

**【PHP文庫】**
『お金持ちは、お札の向きがそろっている。』
『たった3分で愛される人になる』
『自分で考える人が成功する』
『大人の友達を作ろう。』
『大学時代しなければならない50のこと』
『なぜ彼女にオーラを感じるのか』

**【三笠書房・王様文庫】**
『読むだけで人生がうまくいく本』

**【大和書房】**
『結果がついてくる人の法則58』

**【だいわ文庫】**
『いい女恋愛塾』
『やさしいだけの男と、別れよう。』
『「女を楽しませる」ことが男の最高の仕事。』
『いい女練習帳』
『男は女で修行する。』

**【学研パブリッシング】**
『変身力』
『セクシーなお金術』
『セクシーな出会い術』
『セクシーな整理術』
『セクシーなマナー術』
『セクシーな時間術』
『セクシーな会話術』
『セクシーな仕事術』
『王子を押し倒す、シンデレラになろう。』
『口説きません、魔法をかけるだけ。』
『強引に、優しく。』
『品があって、セクシー。』
『キスは、女からするもの。』

**【KKベストセラーズ】**
『誰も教えてくれなかった大人のルール恋愛編』

**【阪急コミュニケーションズ】**
『いい男をつかまえる恋愛会話力』
『サクセス＆ハッピーになる50の方法』

**【あさ出版】**
『「いつまでもクヨクヨしたくない」とき読む本』
『「イライラしてるな」と思ったとき読む本』
『「つらいな」と思ったとき読む本』

『変える力。』**(世界文化社)**
『なぜあの人は感情の整理がうまいのか』**(中経出版)**
『人は誰でも講師になれる』**(日本経済新聞出版社)**
『会社で自由に生きる法』**(日本経済新聞出版社)**
『全力で、1ミリ進もう。』**(文芸社文庫)**
『だからあの人のメンタルは強い。』**(世界文化社)**
『「気がきくね」と言われる人のシンプルな法則』**(総合法令出版)**
『だからあの人に運が味方する。』**(世界文化社)**
『だからあの人に運が味方する。(講義DVD付き)』**(世界文化社)**
『なぜあの人は強いのか』**(講談社＋α文庫)**
『占いを活かせる人、ムダにする人』**(講談社)**

**【PHP研究所】**
『もう一度会いたくなる人の聞く力』
『30代にやっておいてよかったこと』
『もう一度会いたくなる人の話し方』
『【図解】仕事ができる人の時間の使い方』
『仕事の極め方』
『【図解】「できる人」のスピード整理術』
『【図解】「できる人」の時間活用ノート』

**【PHP文庫】**
『中谷彰宏　仕事を熱くする言葉』
『入社3年目までに勝負がつく77の法則』

**【三笠書房・知的生きかた文庫】**
『お金で苦労する人しない人』

**【オータパブリケイションズ】**
『せつないサービスを、胸きゅんサービスに変える』
『ホテルのとんがりマーケティング』
『レストラン王になろう2』
『改革王になろう』
『サービス王になろう2』
『サービス刑事』

**【あさ出版】**
『人を動かす伝え方』
『なぜあの人は会話がつづくのか』

『20代でグンと抜き出る ワクワク仕事術66』
**(経済界・経済界新書)**
『会社を辞めようかなと思ったら読む本』
**(主婦の友社)**
『「反射力」早く失敗してうまくいく人の習慣』
**(日本経済新聞出版社)**
『大きな差がつく小さなお金』**(日本文芸社)**
『35歳までにやめる60のこと』**(成美堂出版)**
『人生を変える 自分ブランド塾』
**(成美堂出版)**
『伝説のホストに学ぶ82の成功法則』
**(総合法令出版)**
『富裕層ビジネス　成功の秘訣』
**(ぜんにち出版)**
『リーダーの条件』**(ぜんにち出版)**
『成功する人の一見、運に見える小さな工夫』
**(ゴマブックス)**
『転職先はわたしの会社』
**(サンクチュアリ出版)**
『あと「ひとこと」の英会話』**(DHC)**
『オンリーワンになる仕事術』
**(KKベストセラーズ)**

## [恋愛論・人生論]

**【中谷彰宏事務所】**
『感謝の星』
『リーダーの星』
『楽しい人生より、人生の楽しみ方を見つけよう。』
『運命の人は、一人の時に現れる。』
『ヒラメキを、即、行動に移そう。』
『徹底的に愛するから、一生続く。』
『断られた人が、夢を実現する。』
『「あげまん」になる36の方法』

**【ダイヤモンド社】**
『なぜあの人は逆境に強いのか』
『25歳までにしなければならない59のこと』
『大人のマナー』
『あなたが「あなた」を超えるとき』
『中谷彰宏金言集』
『「キレない力」を作る50の方法』
『お金は、後からついてくる。』
『中谷彰宏名言集』
『30代で出会わなければならない50人』
『20代で出会わなければならない50人』
『あせらず、止まらず、退かず。』
『「人間力」で、運が開ける。』
『明日がワクワクする50の方法』
『なぜあの人は10歳若く見えるのか』
『テンションを上げる45の方法』
『成功体質になる50の方法』
『運のいい人に好かれる50の方法』
『本番力を高める57の方法』
『運が開ける勉強法』
『ラスト3分に強くなる50の方法』
『答えは、自分の中にある。』
『思い出した夢は、実現する。』
『習い事で生まれ変わる42の方法』
『面白くなければカッコよくない』
『たった一言で生まれ変わる』
『なぜあの人は集中力があるのか』
『健康になる家　病気になる家』
『スピード自己実現』
『スピード開運術』

## 中谷彰宏　主な作品一覧

[ビジネス]

**【ダイヤモンド社】**

『なぜあの人はすぐやるのか』
『なぜあの人の話に納得してしまうのか［新版］』
『なぜあの人は勉強が続くのか』
『なぜあの人は仕事ができるのか』
『なぜあの人は整理がうまいのか』
『なぜあの人はいつもやる気があるのか』
『なぜあのリーダーに人はついていくのか』
『なぜあの人は人前で話すのがうまいのか』
『プラス1%の企画力』
『こんな上司に叱られたい。』
『フォローの達人』
『女性に尊敬されるリーダーが、成功する。』
『就活時代しなければならない50のこと』
『お客様を育てるサービス』
『あの人の下なら、「やる気」が出る。』
『なくてはならない人になる』
『人のために何ができるか』
『キャパのある人が、成功する。』
『時間をプレゼントする人が、成功する。』
『会議をなくせば、速くなる。』
『ターニングポイントに立つ君に』
『空気を読める人が、成功する。』
『整理力を高める50の方法』
『迷いを断ち切る50の方法』
『初対面で好かれる60の話し方』
『運が開ける接客術』
『バランス力のある人が、成功する。』
『映画力のある人が、成功する。』
『逆転力を高める50の方法』
『最初の3年その他大勢から抜け出す50の方法』
『ドタン場に強くなる50の方法』
『アイデアが止まらなくなる50の方法』
『メンタル力で逆転する50の方法』
『超高速右脳読書法』
『なぜあの人は壁を突破できるのか』
『自分力を高めるヒント』
『なぜあの人はストレスに強いのか』
『なぜあの人は仕事が速いのか』
『スピード問題解決』
『スピード危機管理』
『スピード決断術』
『スピード情報術』
『スピード顧客満足』
『一流の勉強術』
『スピード意識改革』
『お客様のファンになろう』
『成功するためにしなければならない80のこと』
『大人のスピード時間術』
『成功の方程式』
『なぜあの人は問題解決がうまいのか』
『しびれる仕事をしよう』
『「アホ」になれる人が成功する』
『しびれるサービス』
『大人のスピード説得術』
『お客様に学ぶサービス勉強法』
『大人のスピード仕事術』
『スピード人脈術』
『スピードサービス』
『スピード成功の方程式』
『スピードリーダーシップ』
『大人のスピード勉強法』
『一日に24時間もあるじゃないか』
『もう「できません」とは言わない』
『出会いにひとつのムダもない』
『お客様がお客様を連れて来る』
『お客様にしなければならない50のこと』
『30代でしなければならない50のこと』
『20代でしなければならない50のこと』
『なぜあの人の話に納得してしまうのか』
『なぜあの人は気がきくのか』
『なぜあの人は困った人とつきあえるのか』
『なぜあの人はお客さんに好かれるのか』
『なぜあの人はいつも元気なのか』
『なぜあの人は時間を創り出せるのか』
『なぜあの人は運が強いのか』
『なぜあの人にまた会いたくなるのか』
『なぜあの人はプレッシャーに強いのか』

**【ファーストプレス】**

『「超一流」の会話術』
『「超一流」の分析力』
『「超一流」の構想術』
『「超一流」の整理術』
『「超一流」の時間術』
『「超一流」の行動術』
『「超一流」の勉強法』
『「超一流」の仕事術』

## 著者紹介

**中谷彰宏**（なかたに・あきひろ）

1959年、大阪府生まれ。早稲田大学第一文学部演劇科卒業。84年、博報堂に入社。ＣＭプランナーとして、テレビ、ラジオＣＭの企画、演出をする。91年、独立し、株式会社中谷彰宏事務所を設立。ビジネス書から恋愛エッセイ、小説まで、多岐にわたるジャンルで、数多くのロングセラー、ベストセラーを送り出す。「中谷塾」を主宰し、全国で講演・ワークショップ活動を行っている。

本の感想など、どんなことでも、
あなたからのお手紙をお待ちしています。
僕は、本気で読みます。　　　　中谷彰宏

〒169-0051　東京都新宿区西早稲田1-21-2，2F
きずな出版気付　中谷彰宏行
※食品、現金、切手などの同封は、ご遠慮ください（編集部）

## 中谷彰宏 ホームページ　http://www.an-web.com/
モバイル　http://www.an-web.com/mobile/


二次元バーコードの読み取りに対応したカメラ付き携帯電話で、右上のマークを読み取ると、中谷彰宏ホームページのモバイル版にアクセスできます。右下のマークを読み取ると、中谷彰宏の著作が読める「モバイル中谷塾」にアクセスできます。対応機種・操作方法は、取り扱い説明書をご覧ください。



中谷彰宏は、盲導犬育成事業に賛同し、この本の印税の一部を（財）日本盲導犬協会に寄付しています。

# ギリギリセーーフ
——生きのびる53の方法

2013年6月1日　第1刷発行

著　者　　中谷彰宏

発行者　　櫻井秀勲
発行所　　きずな出版
東京都新宿区西早稲田1-21-2　〒169-0051
電話03-3208-7551
http://www.kizuna-pub.jp/

装　幀　　福田和雄（FUKUDA DESIGN）
編集協力　ウーマンウエーブ

印刷・製本　モリモト印刷


ISBN978-4-907072-04-9

きずな出版

読者の皆様へ

ご購読ありがとうございました
きずな出版の書籍への感想、著者へのメッセージは
以下のアドレスにお寄せください


E-mail：39@kizuna-pub.jp

きずな出版